Spieltext und Textspiel

Marcel Kunz

Spieltext und Textspiel

Szenische Verfahren
im Literaturunterricht
der Sekundarstufe II

Kallmeyer'sche Verlagsbuchhandlung

Die Deutsche Bibliothek – CIP-Einheitsaufnahme

Kunz, Marcel:
Spieltext und Textspiel : szenische Verfahren im
Literaturunterricht der Sekundarstufe II / Marcel Kunz. - Seelze
: Kallmeyer, 1997
  (Praxis Deutsch)
  ISBN 3-7800-2001-7

Impressum
Marcel Kunz: Spieltext und Textspiel – Szenische Verfahren im Literaturunterricht der
Sekundarstufe II

© 1997 by Kallmeyer'sche Verlagsbuchhandlung GmbH, 30926 Seelze-Velber
Titelgestaltung: Beate Franck-Gabay; Titelbild: Marcel Kunz
© der Fotografien bei Peter Ott und beim Autor.
Druck: Jütte Druck, Leipzig. Printed in Germany

ISBN 3 - 7800 - 2001 - 7

In keinem anderen Feld der Deutschdidaktik werden zur Zeit so viele neue methodische Möglichkeiten erschlossen wie im szenischen Spiel zu literarischen Texten. Zwar gehört das Theaterspielen zur Schule, seit es sie gibt. Aber in der Regel ging es bisher um Schulspiel, um das Einstudieren eines Stückes für ein Publikum. Heute werden die theaterpädagogischen Verfahren für die Texterschließung im Literaturunterricht entdeckt und weiterentwickelt. Szenisches Spiel ist damit nicht mehr nur etwas für Theater-AGs oder für besondere Projekte einer Klasse, sondern Teil des alltäglichen Deutschunterrichts. Gespielt wird nicht im Hinblick auf Zuschauer, sondern als Annäherung an Texte, zur Erprobung von Deutungsmöglichkeiten und zur Vertiefung des Verstehens.

Gründe für das gegenwärtige Interesse an solchen Verfahren lassen sich in der jüngsten Entwicklung der Deutschdidaktik und in der Berücksichtigung der Lernvoraussetzungen bei heutigen Heranwachsenden finden. Die Literaturdidaktik der vergangenen 20 Jahre ist wesentlich beeinflußt von rezeptionsästhetischen Überlegungen: Das Verstehen von Texten wird als ein Mitschaffen des Textsinnes begriffen, und damit rückt der eigenaktive Anteil des Rezipienten in den Blickpunkt. Im produktionsorientierten Literaturunterricht erfährt diese Auffassung ihre deutlichste Ausprägung: Die Schülerinnen und Schüler sollen einen Text nicht nur rezipieren, analysieren, deuten, sondern sie sollen selbst literarisch produktiv werden. Die Literaturdidaktik hat in den 80er Jahren dafür eine reiche Palette vor allem schriftlicher Aufgaben (wie Vervollständigen eines Textes, Umschreiben, Weiterschreiben, Ergänzen) entwickelt. Die szenischen Verfahren, um die es im vorliegenden Band geht, stellen einen weiteren Bereich von produktiven Möglichkeiten dar, auf den zwar in Publikationen zum produktionsorientierten Literaturunterricht immer wieder mal hingewiesen worden ist, der aber lange wenig ausdifferenziert geblieben ist.

Diejenigen Fachvertreter, die sich den szenischen Verfahren widmeten, galten eher als Außenseiter in der Deutschdidaktik. Das hat sich in den letzten Jahren geändert – ein Blick in die Fachzeitschriften, in die Kataloge der schulbezogenen Verlage und in Veranstaltungsverzeichnisse für Lehrerfortbildungen macht das sofort deutlich. In einer fast stürmischen Entwicklung erobert sich die Deutschdidaktik die szenischen Interpretationsverfahren für den produktiven Literaturunterricht.

Bestimmend für das Interesse an den szenischen Verfahren sind auch Zusammenhänge, die über die Deutschdidaktik hinausreichen. Nach den vorwiegend an rationalen (kognitiven) Lernprozessen ausgerichteten siebziger Jahren ist das Augenmerk in der schulpädagogischen Diskussion seit 1980 wieder verstärkt auf die emotionalen Lernprozesse gerichtet worden. Bei szenischen Verfahren kommen diese in besonderem Maße zum Tragen; das Spiel stellt ein Korrektiv zur immer wieder beklagten Kopflastigkeit des schulischen Unterrichts dar. Damit ist nicht einfach eine entlastende Kompensation zum anstrengenden intellektuellen Lernen gemeint; gerade beim szenischen Spielen erfahren die Schülerinnen und Schüler, daß an der Emotionalität gearbeitet werden kann, z. B. wenn mimische, gestische und stimmliche Möglichkeiten erprobt werden. Auch Gefühlserleben und -ausdruck sind etwas, was genauer, reicher, differenzierter werden kann und deshalb für Bildungsprozesse offen ist.

Szenische Verfahren sind ferner eine Antwort auf die Mediensozialisation unserer Heranwachsenden. Das Lesen von Texten fordert vom Rezipienten die Fähigkeit, sich das Geschriebene vorstellen zu können, eine Aufgabe, die ihm die audiovisuellen Medien z. T. abnehmen. Heutige Heranwachsende sind oft wenig darin geübt, die beim Lesen notwendige Vorstellungsbildung zu leisten. Die Leseerziehung muß deshalb stärker als früher die Förderung der Imaginationsfähigkeit zu ihrer Aufgabe machen. Die traditionellen Interpretations- und Analyseverfahren überspringen meist die Vorstellungsbildung, weil sie sie einfach voraussetzen. Mit den szenischen Verfahren dagegen wird sie gezielt angeregt und ausgebaut.

Als letzter Aspekt, der das neue Interesse an den szenischen Verfahren begründet, sei die Körperlichkeit genannt. In der Regel ist der Körper im Schulunterricht stillgestellt – stundenlanges, ruhiges Sitzen wird durch die Schule über Jahre hin antrainiert. Mit den szenischen Verfahren kann diese einseitige Domestizierung des Körpers ein wenig durchbrochen werden. Das ist umso wichtiger, als viele Jugendliche auch in der Freizeit vor Fernseher, Video und Computer überwiegend unbewegt sitzen. Durch die Einbeziehung des Körpers in den Literaturunterricht wird der Zugang zu den Texten vielfältiger und intensiver. Dabei geht es nicht nur um ein befreiendes Ausagieren, sondern durchaus auch um anstrengende Arbeit und um (im doppelten Sinne) hautnahes Erleben. Das szenische Spielen kann in besonderem Maße Konzentration herbeiführen und ist damit eine Antwort auf die drängende Frage vieler Lehrerinnen und Lehrer, wie es bei den an mannigfache Zerstreuungen und an Flüchtigkeit gewohnten Heranwachsenden überhaupt noch möglich sei, eine intensive Arbeitsatmosphäre herzustellen.

Ein Schlagwort der Pädagogik ist heute – wieder einmal – das ganzheitliche Lernen. In den szenischen Verfahren findet es eine Verwirklichung. Es ist aber wichtig, darauf hinzuweisen, daß ganzheitliches Lernen auch die kognitiven Lernprozesse einschließt. Szenische Verfahren, wie sie in diesem Buch vorgestellt und begründet werden, sind didaktisch gerade deshalb so ergiebig, weil Imagination, Gefühlsausdruck und körperliches Empfinden in intensiver Wechselbeziehung zum Nachdenken stehen. Wenn man eine Rolle übernimmt, denkt man z. B. über die Figur, die Situation, die Beziehungen zu anderen Figuren usw. nach. Mit den szenischen Verfahren wird also dem kognitiven Lernen nicht eine Absage erteilt; vielmehr ist gerade eine wechselseitige Stimulierung von Denken, Fühlen und Vorstellen intendiert.

Bei Marcel Kunz ist dieses Wechselspiel methodisch besonders deutlich entfaltet. Er blickt auf eine langjährige Erfahrung als Deutschlehrer, Theaterpädagoge und Leiter von Workshops zurück; seine Vorschläge sind von faszinierender Vielfalt, überaus anregend und praktisch erprobt. Er zeigt – und darin liegt eine besondere Stärke seines Ansatzes – sehr deutlich, wie die Verfahren in die gegenwärtigen institutionellen Bedingungen von Schule (z. B. 45-Minuten-

Lektionen und Zwang zur Notengebung) eingebaut werden können. Sie stehen nicht losgelöst vom übrigen Unterricht da, sondern sind verknüpft mit anderen methodischen Zugängen. Das vorliegende Buch wird dazu betragen, daß der Literaturunterricht in unseren Gymnasien (und über sie hinaus) erfahrungsintensiver, aspektreicher und lustvoller werden kann.

Kaspar H. Spinner

KAPITEL I   Szenisches Spiel und szenische Verfahren: Didaktische Überlegungen

Drei Fragen stehen am Anfang der didaktischen Überlegungen zum Einsatz von szenischen Verfahren im Literaturunterricht der Sekundarstufe II, und die folgende Darstellung ist der Versuch einer Antwort darauf:

Wie kann – neben dem unbestritten wichtigen kognitiven Zugang zur Literatur – die emotionale, imaginative und sinnliche Texterfahrung als ebenfalls wichtige und immer wichtiger werdende Dimension des Deutschunterrichts gefördert werden?

Sodann: Wie kann die individuelle Textrezeption, also das, was im Kopf des einzelnen Lesers beim Lesen entsteht und abläuft, das „Hirnkino", als lernpsychologisch zentrale Voraussetzung der Textinterpretation und als Form der Individualisierung von Lernprozessen in den Unterricht eingebracht werden?

Schließlich: Wie sollen medienerprobte, d. h. reizgewohnte und von medienvermittelten Mustern und Assoziationen gesteuerte Schülerinnen und Schüler mit ihrem Rezeptionsverhalten an die Literatur herangeführt werden?

Damit keine Mißverständnisse entstehen: es geht hier nicht darum, einem als kopflastig diagnostizierten Literaturunterricht ein wolkiges Ganzheitlichkeitskonzept gegenüberzustellen. Szenisches Spiel soll den kognitiven Zugang zur Literatur unterstützen und ergänzen. Aber: Der Imagination (Phantasie) und der ästhetischen (d. h. sinnlichen) Wahrnehmung soll ein für das Textverständnis konstituierender Platz gegeben werden.

Was im Rezeptionsverhalten der medienerprobten und reizgesättigten Schüler von heute anders ist, ist Gegenstand einiger aktueller Untersuchungen (vgl. Literaturliste); hier soll es nur andeutungsweise skizziert werden:

– Das Überangebot von weitgehend austauschbaren Programmen führt zu einem schnellen und vordergründigen, reizorientierten, aber intellektuell nicht reflektierten Entscheidungsverhalten, das sich auch auf andere Lebensbereiche (auch auf die Schule) überträgt.
– Die immer zahlreicher werdenden und weitgehend identischen Serienfilme haben in der Wahrnehmung eine zunehmende Typisierung zur Folge. Dies führt zu einer Verknappung von Handlungsalternativen und damit auch zu einem Verlust an Singularität und Individualität.
– Die zunehmende Vernebelung der Grenze zwischen Realität und Fiktion wie auch das Verlangen nach „virtueller Realität" auf der Seite der Produktion wie auch der Rezeption führten zu einem Verlust an Realitätsempfinden und zu einem Verlust des Entsetzens: Alles wird mit Gleichmut und Distanz wahrgenommen.
– Das Fernsehen wird in der gnadenlosen Konkurrenz über die Einschaltquoten immer aufwendiger und bietet in seiner Ausstattung keine Ästhetik

mehr an, sondern eine Anästhetik, eine Betäubung der Sinne, was für alles empfänglich macht – auch für die Dummheit.

Die eingangs gestellten drei Fragen resultieren aus diesem Befund. Die Antwort darauf könnte in einem Unterricht bestehen, der neben der Kognition auch die Imagination, die Phantasie, die sinnliche Wahrnehmung fördert, der dem Schüler Handlungsorientierung, Individualisierung und Singularität bietet, der ihm Perspektivenübernahme abverlangt und der versucht, eine authentische Wirklichkeit zu erzeugen. Das szenische Spiel oder – allgemeiner noch – das szenische Verfahren ist eine mögliche Form eines solchen Unterrichts. Das ist der Gegenstand dieses Buches. Im Sinne einer didaktischen Grundlegung wird es in den folgenden neun Thesen im Grundsatz umrissen.

Szenische Verfahren bieten Handlungsorientierung und fördern Perspektivenübernahme

NEUN THESEN

1. Szenisches Spiel im Literaturunterricht

Die neuere Theaterdidaktik hat Verfahren und Formen entwickelt, die dem Umstand einer veränderten ästhetischen Wahrnehmung und einem anderen Rezeptionsverhalten Rechnung tragen. Diese Verfahren und Formen lassen sich auf viele Bereiche des Literaturunterrichts übertragen: nicht als Belohnung oder kreative Nische, auch nicht als didaktische Raffinesse, sondern als Arbeitstechnik und als Möglichkeit eines anderen, stimulierenden, sensibilisierenden und individualisierenden Zugangs zu Texten, als Möglichkeit vor allem, die Phantasie und die Imagination nicht nur als gestaltende, sondern auch als rezeptive, produktive und analytische Technik, d. h. als Lernverfahren, einzusetzen.

2. Szenisches Spiel ist sinnliche Texterfahrung

Der durch die Medien vermittelten Second-hand-Wirklichkeit und der elektronisch gesteuerten Cyber-space-reality muß eine neue Form von Unmittelbarkeit und Sinnlichkeit in der Textbegegnung entgegengesetzt werden. Texte müssen auch körperlich erfahren, sie müssen verräumlicht und visualisiert werden. Das Wort muß Gebärde, der Gedanke Handlung, die Interaktion muß Raumerfahrung werden. Nur so kann selbsttätige, gestalterische Phantasie aktiviert werden.

Szenisches Spiel unterstützt den kognitiven Zugang zur Literatur und gibt der Phantasie und ästhetischen Wahrnehmung Raum

Das darf nicht als Zugeständnis an die Erlebnisgesellschaft verstanden werden. Der Erlebnisgastronomie und dem Erlebnistourismus soll hier nicht auch noch die Erlebnisdidaktik hinzugefügt werden. Es geht beim szenischen Spiel nicht um Erlebnis, sondern um konkrete Erfahrung, und zwar um eine möglichst direkte und authentische. Deswegen muß das Wort Spiel auch in seinem vollen Ernst und in seiner ursprünglichen Bedeutung genommen werden: nicht als Spielerei, sondern als Verfahren, das dazu dient, über Empathie und Antizipation Wirklichkeit heranzuholen und direkt erfahrbar zu machen. Ein solches Spiel braucht Regeln, und diese müssen von allen Mitwirkenden akzeptiert und rigoros eingehalten werden.

3. Szenisches Spiel ist Interpretationsverfahren

Eine konsequent betriebene Umsetzung theaterdidaktischer und spieltheoretischer Grundsätze kann daher auf keinen Fall im musealen Nachvollzug einer im Lehrgespräch entwickelten und festgelegten gültigen Interpretation einer Textvorlage bestehen. Spiel wird erst dann sinnvoll, wenn es experimentellen Charakter, Werkstattcharakter annimmt und so zum Textzugang und zum Interpretationsverfahren wird.

Der oft vertretenen Auffassung, szenisches Spiel sei, weil es unverbindlich, unwissenschaftlich und letztlich nicht ganz ernst zu nehmen sei, etwas für die Grundschule oder die Sekundarstufe I, soll hier mit Nachdruck widersprochen werden. Szenisches Spiel ist eine Arbeitstechnik zur Textanalyse, die bei Abiturienten genauso sinnvoll eingesetzt werden kann wie bei Germanistikstudenten; denn diese Methode ist weder entwicklungs- noch altersgebunden, und sie kann allemal so wissenschaftlich sein wie ein ernstes Gespräch über Literatur. Alles ist eine Frage des Niveaus.

In der Konsequenz heißt das: Vielleicht müßte auch die Hochschuldidaktik über diese Dimension der Textrezeption, -annäherung und -interpretation nachdenken und sie in ihr Ausbildungsprogramm aufnehmen. Die Studenten, also die künftigen Deutschlehrer, sollten neben aller Methodendiskussion und Textanalyse Texte auch szenisch bzw. sinnlich erfahren können, damit sie in die Lage versetzt werden, diese Erfahrung später an ihre Schüler weiterzugeben.

4. Verhältnis von Interpretation und Textrezeption

Wer liest, macht Erfahrungen, läßt in seinem „Hirnkino" Bilder entstehen, läßt den Text konkret werden. Zu einem sinnstiftenden Element wird der Text erst im Kopf des Lesers, dort findet der Text seine „Applikation" (Gadamer 1965): Lesen ist Neuerfindung (Roland Barthes). Das leuchtet ein; in der Unterrichtspraxis wird diese individuelle Rezeption meist gar nicht fruchtbar gemacht, sondern höchstens abgefragt und auf eine bereits zuvor festgelegte Richtigkeit hin überprüft.

Wer liest, macht Erfahrungen

Es gibt auch einen anderen Weg: Interpretation eines Textes im Sinne der von Roland Barthes u. a. entwickelten Rezeptionstheorie ist die Summe aller individuellen Leseerfahrungen und -reaktionen, und diese gilt es einzuholen. In dieser Hinsicht kommt dem theaterdidaktischen Ansatz besonderes Gewicht zu: als Möglichkeit der Umsetzung individueller Texteinschätzungen und verschiedener Perspektiven (bzw. Perspektivenübernahmen). Dabei gilt: Jeder Vorschlag ist ernst zu nehmen, man sollte als Lehrer Mut haben zum anscheinend Unmöglichen; manchmal ergeben unmögliche Ansätze völlig neue und überraschende Texteinsichten.

Wer auf diese Weise mit szenischen Verfahren arbeitet, darf allerdings nicht davon ausgehen, er habe die Betrachtungsmöglichkeiten bereits verinnerlicht und sei als Lehrer gleichsam Inhaber der Betrachtungsnorm, und jede anders gelagerte Rezeption sei höchstens eine psychologisch interessante Abweichung von dieser festgesetzten Norm.

5. Umgang mit Textvorlagen

Das hier skizzierte Vorgehen läßt sich praktisch auf alle Texte und Textsorten anwenden (Drama, erzählende Dichtung, Lyrik, Alltagstexte, nicht fiktionale Texte). Wichtig ist die Texteinschätzung: Der Text ist zwar in jedem Fall verbindliche Vorlage, aber er ist auch Werkstoff – und nicht sakrosanktes, unantastbares Dichterwort. „Die Geburt des mündigen Lesers ist der Tod des Autors", hat Roland Barthes pointiert festgestellt. Das gilt in erhöhtem Maß für das szenische Verfahren: Szenisches Spiel braucht nicht zu wollen, was der Dichter will. Es soll möglich sein, an einem Text zu experimentieren, ihn auf seine möglichen Aussagen, Konnotationen/Implikationen hin zu erproben, um so langsam in die Nähe der inneren Wahrheit eines Textes zu kommen: Dies ist letztlich das Ziel. Das szenische Spiel ist der Weg dazu, niemals Selbstzweck.

6. Erprobung – Reflexion – Interpretationskonsens

Spiel, auch wenn es ganz ernsthaft und im allgemeinen Konsens der Regeln betrieben wird, bleibt – innerhalb des Literaturunterrichts – letztlich unverbindlich, eben „Als-ob"-Verfahren, Simulation, wenn nicht die Reflexion des im Spiel Erreichten und Entdeckten als verbindliches Element hinzukommt.

Wenn also das in These 3 (Spiel als Interpretationsverfahren) skizzierte Verfahren nicht dem Vorwurf der Zufälligkeit und der Beliebigkeit ausgesetzt sein soll, muß es von Reflexion begleitet sein. Die erprobten Spielansätze müssen unter Einbezug verschiedener, auch (rezeptions-)ästhetischer Kriterien auf ihre Aussage und auf ihre Zweckmäßigkeit hin diskutiert werden. Auf diese Weise kann sich über Spiel und Reflexion vielleicht ein Interpretationskonsens ergeben.

Dies darf aber keinesfalls zu einer Zweiteilung des Unterrichts führen: erst Spiel, dann Reflexion. Alle in diesem Band vorgestellten Unterrichtsanregungen sind auf eine enge Verbindung und Verknüpfung von Spiel und Reflexion einschließlich damit verbundener Schreibanlässe angelegt.

Spiel und Reflexion sind auf eine enge Verknüpfung angelegt

Vielleicht bekommt die vom Spiel initiierte und begleitete Textreflexion auf diese Weise eine neue Qualität. Es geht nicht mehr bloß um einen kognitiven Prozeß, sondern um ein Verfahren, in dem die Kognition – da sie ja Teil des Spielverfahrens ist – selbst wieder reflektiert wird, also zu dem wird, was die neuere Deutschdidaktik als Metakognition bezeichnet.

7. Zur Rolle von Schüler und Lehrer

Szenisches Spiel ist, das wird immer wieder betont, soziales Lernen; es ist in hohem Maße von Interaktionsprozessen geprägt. Auf diesen Prozeß muß sich auch der Lehrer einlassen: nicht als Spielkamerad, nicht als Kumpel, aber als Mitlernender. Der Lehrer verfügt zwar über Fachkompetenz und Erfahrung, aber er ist, wenn er das szenische Verfahren konsequent umsetzt und den Prozeß der individuellen Textrezeption ernst nimmt, mit seinen Schülern unterwegs zu einem noch nicht restlos bekannten Ziel: Er unterstützt und fördert eine Form von selbstgesteuerter, konstruktiver innerer Tätigkeit.

Es geht um Literaturbegegnung und Literaturreflexion, nicht um Gruppendynamik und Persönlichkeitsanalyse

Szenisches Spiel ist auch heuristisches Lernen, das ist unbestritten, darf aber nicht überbewertet und schon gar nicht zum Interessenschwerpunkt (Hobby) des Lehrers werden. Wer eine Rolle spielt, eine Figur verkörpert, erfährt zwar etwas über sich selbst; dies zu reflektieren und zu verarbeiten ist aber Sache jedes einzelnen und nicht etwa Thema oder Gegenstand des Unterrichts. Denn im Deutschunterricht geht es um Literatur, Literaturbegegnung und Literaturreflexion – nicht aber um Gruppendynamik, Persönlichkeitsanalyse oder Selbsterfahrungsgespräche.

Zum so definierten sozialen und heuristischen Lernen ist aber nicht jede(r) bereit. Spiel soll daher frei von Zwang sein; das Recht des Schülers auf Verweigerung ist ein Grundrecht, und es ist ernst zu nehmen: Wer keinen Zugang zum Spiel hat, muß einen anderen, ihm gemäßen Weg zum Text finden, bekommt eine andere Aufgabe, die aber auf keinen Fall den Eindruck einer Sanktion aufkommen lassen darf. Sie muß ebenso akzeptiert und anspruchsvoll sein wie die Arbeit im Spiel.

Das heißt aber mit anderen Worten: Der Literaturunterricht bietet das szenische Spiel als eine Form an, andere Formen werden dadurch nicht verdrängt. Spiel ist ein Lernangebot neben anderen. Damit ist auch die Individualisierung des Unterrichts gewährleistet.

8. Annäherungen

Es ist kaum möglich, szenisches Spiel ohne Vorübungen und ohne ein entsprechendes Klima des gegenseitigen Vertrauens, der Toleranz und der Akzeptanz, d. h. ohne Spielbereitschaft und ohne Spielerfahrung aller Teilnehmer, durchzuführen. Szenisches Spiel muß, wenn es selbstverständlich werden soll, über längere Zeit aufgebaut und als Arbeitstechnik vertraut werden, es muß mit textspezifischen und alters- bzw. gruppenspezifischen Vorbereitungen, Übungen und Training eingeleitet werden.

9. Das schlechte Gewissen

Der Legitimations- und Erwartungsdruck des Fachs und die Angst vor der Kollegenkritik verursachen bei vielen Deutschlehrern ein schlechtes Gewissen und bewirken eine Form von Selbstzensur, der die hier postulierte Unterrichtsform oft vorschnell geopfert wird. Man gibt wider besseres Wissen preis, was nach außen hin unverbindlich wirken könnte, weil – anscheinend und vorerst – keine im traditionellen Sinne vorzeigbaren Ergebnisse erreicht werden.

Der Lehrer selbst muß dazu beitragen, daß dieses negative Image des szenischen Spiels nicht aufkommt, indem er es ernsthaft, anspruchsvoll und verbindlich betreibt, indem er es nicht zur kreativen Nische verkommen läßt, indem er es zum wichtigen Teil der kognitiven Auseinandersetzung mit dem Text macht. Vielleicht gibt ein solches Arbeiten dem Unterricht eine neue Dimension, denn es fällt immer wieder auf, daß szenisches Spiel sehr viel aktivierender ist als manche andere Unterrichtsform, daß auch jene Schüler ihren Textbezug entdecken und mitteilen, die sonst zu den notorischen Schweigern

**Szenisches Spiel muß
ernsthaft,
anspruchsvoll und
verbindlich betrieben
werden**

gehören, und daß mit diesem Verfahren auch Textzugänge und Deutungsansätze sichtbar werden, die wirklich neu und „unerhört" sind.

Allerdings: Wer szenisches Spiel über längere Zeit konsequent als didaktisches Programm einsetzen will, wird sich der Frage nach Resultaten, vorzeigbaren Ergebnissen und nach Bewertung/Selektion von Schülerleistungen nicht entziehen dürfen. Solange die Note im Zeugnis – zumindest im allgemeinen Verständnis – gleichsam die ultima ratio des Unterrichts ist, darf sich das szenische Verfahren als Teil des Unterrichts diesem Aspekt nicht verschließen, indem es die Schwierigkeit der Benotung mit pädagogischen Scheinbegründungen hinwegargumentiert.

KAPITEL II

Vorbereitung und Training

Wenn man in Gymnasialklassen zum ersten Mal von szenischem Spiel spricht, kommt Verlegenheit auf, manchmal auch eine Spur von Angst, gelegentlich auch von kompromißloser Verweigerung: „Das kann ich nicht, das liegt mir nicht, ich bin nicht der Typ dazu." Das kann mit den spezifischen Hemmungen der Adoleszenz zu tun haben, aber auch mit der Angst, sich in irgendeiner Weise zu offenbaren – oder ganz einfach damit, daß man diese Form aus purer Unkenntnis ablehnt oder sie „doof" findet, weil sie doch gar nicht zu halbwegs erwachsenen Menschen zu passen scheint.

Damit keine solchen Ängste und Bedenken aufkommen, die sich dann meist in Form von Blödelei oder Provokation manifestieren, und damit keine falsche Theatralik entsteht (die Mutigen melden sich und plustern sich auf, die Ängstlichen schauen zu und möchten sich am liebsten verkriechen), ist es unverzichtbar, zu Beginn der Arbeit mit einer Klasse Übungen und Trainingsspiele durchzuführen und sie später gegebenenfalls auch zu wiederholen, in denen

- Spielbereitschaft und Spielvertrauen geweckt werden, damit ein Klima entsteht, in dem Offenheit und Spontaneität, aber auch gegenseitige Akzeptanz ihren Platz haben;
- den Schülern das Bewußtsein vermittelt wird, daß Theater/szenisches Spiel immer Interaktion ist;
- Spiel keine unverbindliche Spielwiese, keine Spielerei, kein kreatives Alibi, sondern eine Arbeitstechnik ist, die ganz bestimmten inneren und äußeren Regeln folgt: Spielen kann man nur, wenn man konzentriert ist und das Spiel mit Ernst betreibt;
- ein Grundverständnis für die Ästhetik, d. h. die sinnliche Sprache des Theaters, geschaffen wird: Theater ist Mimesis – und dies setzt Imagination, Phantasie und Kreativität voraus.

So oft es geht, sollte man die folgenden Übungen mit einer Klasse als Simultanübungen durchführen, d. h. so arrangieren, daß alle gleichzeitig spielen, dann fühlt sich niemand ausgestellt oder beobachtet. Jeder soll sich auf die Übungen einlassen, jeder soll das Gefühl bekommen: Ich kann es auch, und es macht sogar Spaß.

Die folgende Auswahl der Annäherungs- und Trainingsformen ist bewußt knapp gehalten. Sie beschränkt sich auf Übungen, die in einem direkten inneren Zusammenhang zum didaktischen Ansatz der vorliegenden Darstellung stehen und daher auch eine brauchbare und manchmal sogar unverzichtbare Grundlage für die beschriebenen Grundmodelle darstellen. Dieser Zusammenhang soll bei allen Trainingsformen hergestellt und bewußtgemacht werden. Die Schüler müssen erkennen können, was ihnen diese Annäherungsformen

Spielbereitschaft und Spielvertrauen müssen geweckt werden

Spielen kann man nur mit Konzentration und Ernst

bringen. Wenn sie bloß Selbstzweck sind oder als solche erscheinen, werden sie schnell einmal als Lückenbüßer empfunden, und die angestrebte Konzentration geht verloren. Wenn in den folgenden Beschreibungen die Begriffe Spieler und Spielleiter verwendet werden, ist das auch als Hinweis darauf zu verstehen, daß beim szenischen Spiel auch ein Schüler die Leitung übernehmen oder der Lehrer zum Mitspielenden werden kann.

Annäherungsübungen

1. ORIENTIERUNG IM RAUM — Alle Spieler stellen sich so auf, daß der Raum gleichmäßig besetzt und somit im Gleichgewicht ist. Sie gehen locker im Raum, ohne eine bestimmte Richtung einzuhalten, achten aber immer auf eine gleichmäßige Auslastung des Raums. Auf ein Zeichen des Spielleiters bleiben sie stehen und halten gleichzeitig die Luft an („freeze"). Sie setzen sich erst wieder in Bewegung, wenn der Atemreiz sie dazu zwingt. Sie gehen dann etwas schneller, schauen sich gegenseitig an und bleiben auf das Zeichen des Spielleiters wiederum stehen. Beim dritten Mal wird das Tempo erneut gesteigert, die Spieler schauen sich an und schauen sich nach, achten aber gleichzeitig darauf, nicht mit anderen zusammenzustoßen, und bleiben wieder stehen. Nach zwei, drei weiteren Wiederholungen fordert der Spielleiter die Spieler auf, die Schritte zu verlangsamen, zum Stillstand zu kommen, die Augen zu schließen und ruhig zu atmen:

Simultanübungen wirken hemmungsabbauend und wecken Selbstvertrauen

– Stellt euch den Raum vor, in dem ihr seid.
– Welches ist eure Position im Raum?
– Zeigt mit geschlossenen Augen zur Tür.
– Von wem wißt ihr, wo er/sie steht?
– Bildet jetzt mit geschlossenen Augen einen Kreis.

Wenn der Kreis gebildet ist, kann sich ein Namensspiel anschließen; jeder Spieler sagt seinen Namen, und zwar so, daß er in eine vorgegebene Situation paßt: den eigenen Namen verliebt sprechen oder befehlend, zynisch, verächtlich, lächelnd, bewundernd, schmeichelnd, tragisch, verlegen usw.

2. ORDNUNGSSPIEL — Im ganzen Raum verteilt stehen/liegen Stühle, Tische, Schultaschen, Kleidungsstücke usw. in einer willkürlichen, chaotischen Anordnung. Der Spielleiter teilt die Klasse in zwei Gruppen ein: A und B. Jedem Spieler der Gruppe A wird ein Partner aus der Gruppe B zugeteilt.

Die Spieler der Gruppe A bekommen den Auftrag, sich je ein individuelles Aufräumkonzept, eine Ordnungsstrategie für das herrschende Chaos vorzustellen. Auf das Startzeichen des Spielleiters beginnen die A-Spieler aufzuräumen, dürfen aber nie mehr als einen Gegenstand in die Hand nehmen (tragen, schieben, stoßen), was eine Sisyphosarbeit sein kann, weil ja die Ordnung des einen immer wieder durch die andere Ordnung des anderen aufgelöst wird.

Während die A-Spieler aufräumen, stellen sich die B-Spieler, die am Rand des Raums stehen, vor, sie seien Reporter auf der Pressetribüne eines Stadions und müßten das Geschehen auf der Spielfläche ihren Hörern zu Hause möglichst spannend und anschaulich schildern. Der zugeteilte Partner der A-Gruppe ist dabei die Hauptfigur – positiv oder negativ – der jeweiligen Reportage.

Damit noch etwas mehr Leben in das Geschehen kommt, können die B-Spieler ihre Partner anfeuern. Der Spielleiter baut unter den B-Spielern eine Konkurrenzsituation auf: Er macht die Reporter auf die Einschaltquoten aufmerksam; sie müssen, damit ihre Hörer nicht auf einen anderen Kanal umschalten, noch schneller, spannender und informativer sein als die Reporter links oder rechts (die ja von der Konkurrenz sind). Das Spiel kann laut und ziemlich wild werden; die Spieler gehen aber gut aus sich heraus, und auch die Sprechfaulen haben Gelegenheit, einmal richtig aufzudrehen.

3. GITTERROSTGEHEN

Kontrollierter und bewußter Körpereinsatz

Alle Spieler sind, wie in Übung 1, gleichmäßig im Raum verteilt. Spielleiter: „Der Raum, in dem ihr euch befindet, hat einen ganz speziellen Boden, eine Art Gitterrost, der eure Bewegungen erheblich einschränkt; ihr könnt euch nur an diesen rechtwinklig angeordneten Gitterstäben entlang bewegen, und eure Richtungsänderungen dürfen nur im 90-Grad-Winkel erfolgen. Wenn die Musik läuft (von Vorteil ist ein schneller Rhythmus, der eine schnelle Gangart in kleinen Schritten verlangt), kommt ihr in eine Art Bewegungszwang und könnt gar nicht mehr stehen bleiben. Gleichzeitig empfindet ihr eine enorme Berührungsangst, ihr weicht also jedem möglichen Zusammenstoß aus."

Diese drei Vorgaben (Gitterstruktur, Bewegungszwang, Berührungsangst) setzen Konzentration voraus. Der Spielleiter kann die Aufgabe erschweren, indem er die Spieler auffordert, die Arme auszubreiten. Auf den Ruf „Klebstoff!" bleiben die Spieler bei jeder zufälligen Berührung sofort aneinander kleben, sie müssen jetzt als Zweier-, Dreier- oder Vierergruppe weitergehen.

Diese Übung kann auch im Zusammenhang mit einem Text durchgeführt werden: Wenn sich die Spieler begegnen, sprechen sie, gleichsam als rituelle Begrüßung, ein Zitat aus dem betreffenden Text, oder sie tauschen persönlich Urteile über den Text aus.

4. DER GEFRORENE TÄNZER

Die Spieler beginnen zu einer passenden Musik zu tanzen, am besten eine eingängige Discomusik. Nach einigen Takten sollen sie sich vorstellen, daß sie von unten her langsam einfrieren. Bewußt und konzentriert sollen sie erleben, wie erst das eine Bein zu Eis wird, dann das andere, dann die Hüften, der Oberkörper, die Arme, die Hände, die Finger, schließlich auch der Hals, der Kopf, das Gesicht, ganz zum Schluß können sie nur noch die Augen bewegen, der ganze Körper ist ein Eisblock. Nach einigen Augenblicken der Erstarrung wird der Prozeß umgedreht: Der Körper taut von oben her wieder langsam auf und gewinnt in der Umkehrung der erwähnten Reihenfolge seine Beweglichkeit zurück.

Diese Übung, in der es vor allem um den kontrollierten und bewußten Einsatz von Körperteilen und Körperpartien geht, kann auch im Zusammenhang mit dem Figurenstudium durchgeführt werden: Der Spieler läßt sein Ich langsam einfrieren und taut als die Figur auf, die er verkörpern soll. Er wechselt auf diese Weise von der eigenen Motorik in die Motorik der Figur.

Eine andere Variante besteht darin, daß die Spieler einen Gegenstand in der Hand halten. Beim Einfrieren ist der Gegenstand real, beim Auftauen wird er verwandelt und bekommt eine neue Bedeutung. Beispiel: A hält ein Feuerzeug in der Hand, beim Auftauen ist aus dem Feuerzeug ein Lippenstift geworden.

5. BEGRÜSSUNGSRUNDE

Die Gruppe geht im Raum, ohne eine bestimmte Richtung einzuhalten. Auf ein Zeichen des Spielleiters sollen sich alle möglichst schnell gegenseitig begrüßen, Handschlag und unterkühltes „Guten Tag!" – und zwar so, daß niemand übergangen wird und daß niemand zweimal von der gleichen Person begrüßt wird; beides ist ein Zeichen von Unaufmerksamkeit. Wer gegen diese Bedingung verstößt, kriegt vom Betroffenen eine sanfte Ohrfeige.

Das Spiel sollte nicht nur aus einem Durchgang bestehen, sondern mit Variationen ein paarmal nacheinander durchgeführt werden: z. B. sich umarmen und sagen „Schön, dich wiederzusehen!" oder mit dem Po aneinander stoßen und dabei ausrufen „Komm mir ja nicht mehr unter die Augen!"

6. KAMPF UM EINEN STUHL

Zwei Spieler stehen sich gegenüber und haben einen Stuhl vor sich. Jeder bietet dem anderen den Stuhl an und fordert ihn zum Sitzen auf. Weil keiner das Angebot des anderen annehmen will/kann, also jeder in einer gewissen Weise narzißtisch verletzt ist, werden die Aufforderungen in Inhalt und Ton immer grober und arten schließlich in Beschimpfungen und Tätlichkeiten aus. Wenn die beiden das Maximum an Lautstärke erreicht haben, werden sie langsam wieder sanfter und höflicher, beenden das Gespräch in der freundlichsten aller denkbaren Formen und setzen sich einträchtig auf den einen Stuhl.

Diese Symmetrie des An- und Abschwellens von Aggressivität entspricht ja nicht gerade dem Kommunikationsverhalten in der Wirklichkeit – wie es dort ablaufen kann, kann man bei Watzlawick u. a. nachlesen – aber es ist eine gute formale Übung, um gemeinsam, ohne persönliche Implikationen den Rhythmus von crescendo/descrescendo zu finden – und um zu erleben, daß sich Theater auch mal der Wirklichkeit in den Weg stellen kann.

Variante I: Einer der Spieler folgt plötzlich der Aufforderung des Partners und setzt sich. Was tut der andere: Ist er beleidigt? Triumphiert er? Wird er zum Pädagogen: „Na also, warum nicht gleich?" Will er jetzt selbst den Stuhl?

Variante II: Wenn die beiden Spieler auf dem Höhepunkt angelangt sind, machen sie eine kurze Atempause und beginnen dann von vorn, bis der Streit wieder aufflammt. Jetzt haben sie den Auftrag, nach einer wirklichkeitsgetreuen Lösung zu suchen.

7. FIGURENHALTUNG ÜBERNEHMEN

Arbeit in Zweiergruppen: A schließt die Augen, während B eine etwas absonderliche und auffällige Pose einnimmt. Mit verschlossenen Augen versucht A, die Haltung von B durch Abtasten zu ermitteln; das erweist sich mitunter als recht schwierig; A muß die einzelnen Wahrnehmungen genau speichern und in seiner Vorstellung zusammenbauen. Wenn A die Haltung von B herausgefunden hat, versucht er selbst diese Haltung einzunehmen.

Für geübtere Spieler: A tastet die Haltung von B ab, stellt sich dann frontal vor B und nimmt dessen Haltung spiegelbildlich ein.

Trainingsformen

8. MUSEUMSSPIEL Die Klasse wird in zwei gleich große Gruppen aufgeteilt. Die Spieler der Gruppe A legen sich im ganzen Raum verteilt flach auf den Boden. Auf eine zuvor festgelegte Anzahl von Klopfzeichen oder zu einer bestimmten Musik bauen sie langsam eine denkmalartige, theatralische Figur. Wenn die Figuren aufgebaut sind, wobei die Spieler sich vorstellen müssen, sie seien aus Gips, Wachs

Vorbereitung auf die Arbeitsvorschläge in Kapitel III

oder Marmor und können/dürfen daher auch keinerlei Reaktionen zeigen, beginnen die Spieler der Gruppe B als Museumsbesucher zu zweit oder zu dritt im Raum umherzugehen und die Statuen der Gruppe A zu betrachten, einzuschätzen und zu kommentieren.

Man kann der Gruppe der Museumsbesucher auch konkrete Vorgaben machen: sie in zwei Gruppen einteilen und jeder Gruppe einen Reiseführer geben; ihnen sagen, sie seien pensionierte Altphilologen auf Bildungsreise; ein Kegelclub beim Kulturprogramm anläßlich des Jahresausflugs; eine Horde von fitneßbewußten Aktivurlaubern usw.

Das Museumsspiel kann gut als Einstieg oder als Zwischenspiel im Literaturunterricht eingesetzt werden (vgl. Arbeitsvorschlag 2, Kapitel III).

Bei geübten Gruppen, in denen auch ein gewisses Vertrauensverhältnis besteht, kann der Spielleiter auch mal anregen, daß die Spieler A beim Bauen der Figur eine Karikatur von sich selbst darstellen. Die Kommentare der Museumsbesucher, man kann die Gruppe dann auch als Mitschüler und/oder Konvent definieren, werden in diesem Fall natürlich viel direkter und viel persönlicher.

9. ERZÄHLEN UND VERFREMDEN

Vorbereitung: Die Spieler setzen sich in Zweiergruppen (A und B) zusammen und erzählen sich gegenseitig irgendein nicht sonderlich wichtiges Ereignis der letzten Tage, ein Ereignis, in dem ein Gegenstand eine zentrale Rolle spielt oder in dem ein Sprichwort vorkommt.

Wenn alle Partner sich ihre Geschichten erzählt haben, setzt sich die Klasse im Kreis hin; der Spielleiter fordert einen Spieler (A) auf, sich in die Mitte des Kreises zu stellen/setzen und die Geschichte seines Partners (B) in der dritten Person zu erzählen („B hat mir eben erzählt, er habe gestern ..."), sich dabei gleichzeitig in die Person von B zu versetzen und dessen Verhalten zu imitieren, karikieren, parodieren.

BRECHT

Variante I: A erzählt B's Geschichte und deutet dabei den Gegenstand pantomimisch an, läßt ihn aber viel größer/kleiner erscheinen, als er in Wirklichkeit ist.

Sich in eine andere Person versetzen, Verhalten imitieren, karikieren, parodieren

Variante II: A erzählt B's Geschichte, die Zuschauer finden die Geschichte ganz toll und geben Zwischenapplaus, was A dazu bringt, die Geschichte auszuschmücken, Neues hinzuzuerfinden und den Verlauf weit über die Vorgabe der Vorlage hinaus zu dramatisieren.

Variante III: A erzählt B's Geschichte einer Schar von Kleinkindern und verfällt dabei in Stil, Sprache und Inhalt in ein typisches Märchentantengenre.

Variante IV: A erzählt B's Geschichte einem unruhigen und unaufmerksamen Publikum. Das Verhalten des Publikums bringt ihn so weit, daß er sich verhaspelt, immer wieder von vorne anfängt und schließlich den Faden verliert.

10. ABSURDE DIALOG-SITUATION

Spiel in Zweiergruppen: A und B stehen sich gegenüber; A eröffnet eine Dialogsituation, indem er/sie
– den Partner mit einer unmöglichen und/oder anmaßenden Feststellung/ Aufforderung konfrontiert: „Sieh mal an, du hast meine Hose an, gib sie so-

fort her!" – „Ich möchte dich heiraten, aber wir müssen uns beeilen, das Standesamt schließt in zehn Minuten" oder

– eine surreale, absurde Feststellung macht: „Haben Sie eigentlich schon immer drei Nasenlöcher?" oder

– eine alltägliche Situation evoziert: „Guten Tag, mein Name ist Hering!" – „Sie sind also der neue Präsident des Vereins für alleinerziehende Väter?" oder

– sich einfach in eine bestimmte Pose stellt.

Gesprächspartner B muß dieses Angebot blitzschnell und mit vollem Ernst aufnehmen und darauf reagieren. Das heißt: Er muß sich sofort eine Rolle geben, die zu diesem Gesprächsangebot paßt, er muß die Situation so aufgreifen, daß sich daraus ein wirklicher Dialog und damit eben auch eine Szene ergibt.

Bei Schülern, die in dieser Dialogform noch wenig Übung haben, wird relativ schnell einer von den beiden Partnern verlegen aus der Rolle fallen. Erste Forderung also: ernst bleiben, die Situation aushalten, in der Rolle bleiben, nicht lachen, auch wenn man die Situation noch so ausgefallen und komisch findet. Wenn diese erste Hürde genommen ist, kann man das Augenmerk auf die Dialogentwicklung legen. In bezug auf Angebot und Blockade müssen beide Gesprächspartner darauf achten, daß sie das Gespräch nicht vorzeitig beenden, d. h. blockieren, sondern weiterentwickeln, auch wenn es noch so absurd wirkt, Angebote machen und Angebote aufnehmen.

Diese Bereitschaft zu einem auch noch so absurden Dialog setzt voraus, daß jeder Spieler seine „Schere im Kopf" und damit auch die Offenbarungsängste ausschaltet, daß er keine Angst davor hat, sein Gesprächsverhalten könnte als dumm, unoriginell oder unanständig aufgefaßt werden.

Eine weitere Schwierigkeit: Manchmal werden solche Dialoge endlos, man findet kein Ende. Der Spielleiter wird in solchen Situationen intervenieren und rufen: „Ihr habt noch eine Minute, in dieser Zeit müßt ihr einen Schluß finden." Diese Dialogübung kann ausgebaut und in einem größeren Zusammenhang durchgeführt werden.

II. AUF FIGUREN REAGIEREN

Der Spielleiter fordert vier Spieler auf, im Raum zu bleiben, und schickt den Rest hinaus in den Flur mit dem Auftrag, auf ein Zeichen hin in Abständen von ein bis zwei Minuten den Raum zu betreten und der Reihe nach zu den vier im Raum verbliebenen Spielern zu gehen und deren Initiativen aufzugreifen.

Zuvor wird der Raum festgelegt: ein belebter öffentlicher Platz zur rush hour; eine stille Nebenstraße am späten Abend; ein Gate im Flughafen kurz vor dem Einsteigen; ein Wartesaal im Bahnhof usw. Während die Gruppe im Flur wartet, gibt der Spielleiter den vier Spielern im Raum konkrete Anweisungen:

Spieler 1: beschimpft jeden, der vorbeikommt.

Spieler 2: Bestechung: „Ich warne dich. Ich weiß alles. Wenn du mir einen Tau-

(Marginalien rechts:)

Absurde Situationen aushalten, die „Schere im Kopf" weglassen

Initiativen aufgreifen und ausbauen

24

sender gibst, bin ich ruhig, sonst gehe ich zur Polizei (zum Schulleiter, zu den Eltern ...) und packe aus! Dalli, morgen kostet es das Doppelte."

Spieler 3: stürmische Begrüßung, als ob es sich um einen alten Bekannten handeln würde, aber gleichzeitig deutlich machen, daß eine Verwechslung vorliegt: „Sowas, jetzt haben wir uns ganze zwei Jahre nicht gesehen, was für eine Überraschung. Toll siehst du aus, du hast dich überhaupt nicht verändert."

Spieler 4: Beschuldigung: „Du, das Ding da an deinem linken Arm ist meine Uhr. Gib sie sofort her, sonst rufe ich die Polizei. Keine Ausflüchte, das ist meine Uhr."

Wer diesen Hindernislauf – an jeder Station sollte das Spiel etwa ein bis zwei Minuten dauern – abgeschlossen hat, setzt sich hin und wird zum Zuschauer oder, wer Lust hat, wird selbst zum Mitspieler und gibt sich die Rolle einer mehr oder weniger zufälligen Randfigur. Alle Beteiligten wissen: Wer den Raum als erster betritt, hat noch keine Zuschauer, wer zuletzt kommt, hat die meisten Zuschauer – oder eben auch eine größere Anzahl von Mitspielern.

Es gibt auch die Möglichkeit, diese Übung im Zusammenhang mit einem Text als Teil des Figurenstudiums durchzuführen: Der Spielleiter läßt die Spieler als die Figuren, die sie sich ausgewählt haben, einen imaginären Raum betreten, der zum Stück paßt, z. B. die Figuren aus Horváths „Glaube Liebe Hoffnung" treffen vor dem Wohlfahrtsamt auf andere Figuren – oder eben auf erfundene, d. h. vom Spielleiter ausgedachte Gestalten.

12. STICHWORT-IMPROVISATION

Der Spielleiter gibt eine Grundsituation vor: ein Wartesaal eines Großstadtbahnhofs, im Wartezimmer eines (Tier-)Arztes, auf dem Promenadendeck eines Überseedampfers/Kreuzschiffs – und die Spieler denken sich möglichst schnell in eine zu dieser Situation passende Figur.

Auf Situationsvorgaben reagieren

Variante: Die Spieler durch den imaginären vorgegebenen Raum gehen lassen, in alle möglichen Richtungen, und dabei – evtl. unter Zuhilfenahme eines Requisits – eine Figur finden lassen.

Damit sich die Spieler an ihre Figur gewöhnen können und auch Gelegenheit haben, die Figuren der anderen Spieler zu kennen, gibt der Spielleiter gewisse Situationen ein, auf die alle sogleich reagieren sollen:

– Beim Tierarzt: Einer kommt mit einem Elefanten, den er nicht ins Wartezimmer bringen kann.
– Im Wartesaal des Bahnhofs: Draußen hört man die Polizei vorfahren, eine Razzia steht bevor.
– Auf dem Deck des Überseedampfers: Wolken ziehen auf, es wird kühl und windig, es gibt aber nicht genügend Wolldecken für alle.
– Im Autobus: Ein Schwarzfahrer wird entdeckt.

Wenn die Figuren sich auf diese Weise an ihre Figur und an die Grundsituation gewöhnt haben, kann die eigentliche Stichwortimprovisation beginnen:

Das Prinzip besteht darin, daß die einzelnen Spieler sich gegenseitig Aktionen/Handlungsanweisungen einflüstern sollen, die irgendwann ins Spiel eingebracht werden müssen und auf welche die anderen Figuren, die vor Spielbeginn noch nichts von diesen eingeflüsterten Aktionen wissen dürfen, situationsgerecht und figurentypisch zu reagieren haben. Im Normalfall müssen die Spieler die eingeflüsterten Aktionen akzeptieren – eine Rückweisung ist nur möglich, wenn eine solche Aktion überhaupt nicht zur entsprechenden Figur paßt.

Beispiele: Im Wartezimmer des Tierarztes: A soll behaupten, der Hund von B habe ihm ans Bein gepinkelt. – Im Wartesaal des Großstadtbahnhofs: C soll ein Mobiltelefon aus der Tasche ziehen und ein intimes Gespräch mit seiner Freundin führen – oder einem Kumpel die letzten Weisungen für einen Banküberfall geben.

Grundregeln der Improvisation

Wenn möglichst alle eine oder zwei denkbare Anweisungen zugeflüstert bekommen haben, kann die eigentliche Improvisationsphase beginnen: Irgendein Spieler fängt an, die anderen gehen sogleich auf diese Aktion und die dadurch geschaffene Situation ein. Diese Situation wird so lange gespielt, bis sie an Spannung verliert; dann muß der nächste Spieler kommen und seine Aktion starten. Wer, das bleibt der Initiative des einzelnen und seinem subjektiven Empfinden überlassen.

Bedingung für die ganze Gruppe: keine laufenden Aktionen abwürgen, keine Löcher entstehen lassen, eine Aktion dann vorbringen, wenn sie gut ins begonnene Spiel paßt. Die Grundregel für jede Improvisation gilt auch hier: „Mein Spiel ist nicht so wichtig, wichtig ist dein Spiel – und ich trage alles dazu bei, daß es auch wirklich gut wird."

13. KREISIMPROVISATION

Ähnlich wie bei der Stichwortimprovisation geht auch die Kreisimprovisation von bereits festgelegten Figuren aus, die allen Beteiligten bekannt und vertraut sind: Jeder weiß, was der andere für eine Rolle hat. Ziel der Kreisimprovisation ist es, verschiedene Spielarten von Figureninteraktionen zu erproben und Alternativen dazu zu entwickeln.

Die ganze Gruppe sitzt in einem weiträumigen Kreis. Der Spielleiter fordert einen Spieler (A) auf, sich in die Mitte des Kreises zu stellen und die Augen zu schließen. Dann bestimmt der Spielleiter mit einem stummen Zeichen, ohne daß A etwas erraten kann, einen zweiten Spieler (B) und fordert ihn auf, sich eine Aktion zu überlegen, die eindeutig appellativen Charakter hat (Frage, Aufforderung, provozierende Bemerkung, Anschuldigung) und die direkt an A's Figur gerichtet ist. Wenn B bereit ist, fordert der Spielleiter A auf, die Augen zu öffnen – und B startet seine Aktion, auf die A sofort zu reagieren hat; beide Spieler müssen darauf achten, daß sich aus Rede und Gegenrede eine kleine Szene entwickeln kann. Das heißt, eine eigene Position zu finden, diese zu ver-

Interaktionen erproben, Alternativen entwickeln

treten und auszuhalten/auszuspielen, der anderen Figur deutlich Widerstand entgegenzusetzen. Eine Bedingung müssen die beiden Spieler allerdings beachten: Sie sollen, evtl. auf ein Zeichen des Spielleiters hin, ein Ende ihrer Szene finden.

Bei der Kreisimprovisation gibt es einen zweiten Durchgang, in der die Initiative wechselt: A steht wiederum in der Mitte des Kreises, B startet nochmals die genau gleiche Aktion wie im ersten Durchgang, aber A versucht die Aktion von B mit einer anderen Replik aufzunehmen; darauf muß nun B reagieren. Dieser doppelte Durchlauf hat den Vorteil, daß beide Partner je einmal die Initiative haben, also die Richtung der Improvisation anlegen, und den anderen damit der spontanen Improvisation aussetzen – und daß auf diese Weise auch Handlungsalternativen erprobt, die Handlungsspielräume der Figuren ausgelotet werden können.

Die anderen Spieler im Kreis haben eine Doppelfunktion: Sie können zusätzliche Spielanregungen formulieren und damit die Bandbreite der Handlungsalternativen erweitern. Und sie können nach Abschluß der Improvisationsszene die Figuren auf ihr Verhalten hin befragen.

Sofern die Kreisimprovisation mit literarischen Figuren, d. h. mit Figuren aus einem Text, der gerade in der Klasse behandelt wird, durchgeführt wird, kommt den Schülern im Kreis eine weitere Funktion zu: Sie sind Textrichter, die das Verhalten der Figuren am Text zu messen haben und immer dann intervenieren sollen, wenn ein Spieler die Handlungswahrscheinlichkeit seiner Figur deutlich überschreitet.

Textrichter intervenieren, wenn die Handlungswahrscheinlichkeit einer Figur überschritten wird

14. GEGENSTANDS-IMPROVISATION

Der Gegenstand als Partner

Die Gruppe steht gleichmäßig im Raum verteilt: Jeder Spieler fixiert einen Gegenstand im Raum (einen Türgriff, eine Steckdose, ein Bild, eine Vorhangstange usw.); er schaut ihn so lange an, bis alles andere im Blickfeld zwar immer noch da ist, aber doch undeutlich und verschwommen wird. Nach etwa ein bis zwei Minuten gehen alle Spieler auf ein Zeichen des Spielleiters wie magisch angezogen zu ihrem Gegenstand und sprechen ganz liebevoll mit ihm. Sie freuen sich, daß er auch da ist, sie sind froh, ihn wiederzusehen, sie machen ihm Komplimente für sein gutes Aussehen, beschreiben sein Äußeres mit schmeichelhaften Worten, sie setzen die Gegenstände der anderen Spieler herab. Für jeden ist sein Gegenstand das Ein und Alles auf der Welt.

Abrupter Wechsel: Auf ein Zeichen des Spielleiters beginnen alle ihren Gegenstand zu beschimpfen: Er sei ja gar nicht empfänglich für die Zuwendung und Liebe, er sei ein undankbarer, verstockter Trottel, man habe sich gründlich in ihm getäuscht und wolle nichts mehr von ihm wissen, er soll sich doch mal umschauen und an den anderen im Raum ein Beispiel nehmen, man habe ihn gar nicht mehr lieb.

Nach einigen Augenblicken dieses Trainings in schwarzer Pädagogik sucht jeder einen anderen Spieler als Partner, bei dem er seinen Frust loswerden kann: Schau mal diesen undankbaren Kerl an! Der ist verstockt, sagt einfach

kein Wort, bildet sich weiß Gott was ein, ich will nichts mehr wissen von ihm, nie mehr, du kannst ihn gern haben, nimm ihn, aber bitte gleich ...

Die Verzauberung des Alltagsgegenstands

Die Spieler sitzen im Raum verteilt, vor sich einen Alltagsgegenstand, den sie aus ihrer Tasche zufällig herausgegriffen haben, je banaler und alltäglicher, desto besser. Es soll ein Gegenstand sein, den sie jeden Tag im Gebrauch haben: eine Monatskarte der Bundesbahn, ein Schlüssel, ein Taschenrechner, eine Agenda, ein Lehrbuch ...

Mimetische Fähigkeiten entwickeln, Imagination als produktive Kraft einsetzen

Der Spielleiter fordert die Spieler auf, den Gegenstand zunächst sinnlich zu erfassen, ihn zu betrachten, mit geschlossenen Augen zu betasten, daran zu riechen und zu schmecken, die Geräusche herauszufinden, die man mit dem Ge-

genstand erzeugen kann. Bei dieser sinnlichen Erfahrung sollen die Spieler auch offen sein für die Assoziationen, Erinnerungen, Gefühle, die sich dabei einstellen. Am Schluß dieser Phase sollen die Spieler ihren Gegenstand so genau kennen, daß sie ihn unter vielen gleichgearteten als den ihren erkennen

können – und daß sie eine Art Mnemotechnik entwickelt haben, d. h. im Umgang mit einem Gegenstand Assoziationen aktivieren können.

In einer zweiten Phase beginnen sie mit ihrem Gegenstand zu spielen, indem sie ihm laufend neue Funktionen geben und diese auch inszenieren: Die

Monatskarte wird zum Taschenspiegel, zur Toilettenseife, zum drahtlosen Telefon, zum Kopfkissen, zum Goldhamster usw. – der Phantasie ist keine Grenze gesetzt. Eine gut eingespielte und gut motivierte Gruppe wird hier viele Möglichkeiten entdecken und viele Ideen entwickeln.

Die nächste Phase hört sich etwas abenteuerlich an und löst bei den meisten Spielern auch eine anfängliche Verlegenheit aus. Der Spielleiter fordert sie nämlich auf, sich mit möglichst allen dieser eben erfundenen Funktionen zu identifizieren und diese zu inszenieren, also selbst zum Taschenspiegel, zum Taschenrechner, zur Toilettenseife usw. zu werden.

Mit diesen beiden Phasen wird etwas geschult, was für die Entwicklung eines Theaterverständnisses, einer Theatersprache fundamental ist: die mimetische

Fähigkeit des Abbildens und Verwandelns, was letztlich die Poesie, den Zauber und die Sprache des Theaters ausmacht. In diesem Arbeitsprozeß ist der gewöhnliche Alltagsgegenstand zum eigentlichen Theaterrequisit geworden, was ja wesentlich mehr ist als ein bloßer Gegenstand: ein Partner auf der Bühne. Das eröffnet neue Spielmöglichkeiten:

– als Marktschreier diesen Gegenstand zum Verkauf anbieten
  Bedingung: alle gleichzeitig, wodurch jeder der Konkurrenz ausgesetzt ist und daher die Vorteile seines Gegenstands besonders anpreisen muß;
  Variante I: den Gegenstand in einer Fremdsprache oder in einer eben erfundenen synthetischen Sprache anbieten;
  Variante II: den Gegenstand weglegen, ihn nur pantomimisch andeuten und dabei ganz klein oder ganz groß machen;

– als Stimulus für einen inneren Monolog einer erfundenen Figur
  Der Gegenstand als solcher soll gar nicht vorkommen in diesem Monolog, sondern wirklich nur als Stimulus dienen – so wie jemand mit seinem Kuli spielt oder mit seinem Schlüssel und dabei die Gedanken auf die Reise schickt ...

Gegenstandsimprovisation in der Gruppe
Die Gruppe sitzt im Kreis, in der Mitte liegt ein Gegenstand, z. B. ein Gummistöpsel mit Holzgriff (normalerweise zum Entstopfen von Abläufen). Der Spielleiter fordert die Spieler auf, sich Funktionen auszudenken, die sie dem

Gegenstand geben könnten. Die Spielbedingung besteht darin, daß jeder Spieler, der einen Einfall hat, sich in die Mitte des Kreises begibt und zu spielen anfängt, woraufhin die anderen sofort mitspielen sollen.

Zum Beispiel: A macht den Stöpsel zum Stethoskop und beginnt einen anderen Spieler abzuhorchen („tief durchatmen, husten, Atem anhalten" usw.), worauf die anderen sofort eine passende Rolle übernehmen (Arztgehilfinnen, wartende Patienten, medizinische Geräte usw.) und als solche mitspielen. Wenn das Spiel an Schwung verliert und erlahmt, soll die nächste Idee vorgebracht und inszeniert werden. Aber nie darf sich ein Spieler vordrängen, solange eine Szene noch Schwung hat – und nie darf der Gegenstand zur bloßen Nebensache oder ganz in den Hintergrund gedrängt werden.

Dieser Stöpsel ist ein wunderbares Requisit für eine Improvisationsübung: Er kann Steuerknüppel sein, Melkstuhl, Mikrophon, Duschbrause, Maschinenpistole, Narkosemaske, Holzbein, Königszepter ... Fast selbstverständlich werden in diesem Spiel fundamentale Improvisationstechniken eingeübt: Jeder ist

verpflichtet, die Idee eines anderen Spielers aufzunehmen, dieser Idee zum Durchbruch zu verhelfen und genügend Sensibilität zu entwickeln, um nicht einfach mit seiner Idee die Ideen der anderen niederzuwalzen.

Im Sinne einer erweiterten Improvisationstechnik kann man die so entstandenen Szenen wiederholen, indem man weniger ergiebige Einfälle wegläßt, die besten hingegen bis ins Detail ausarbeitet und genau strukturiert.

Es gibt viele Gegenstände, die sich für solche Improvisationen eignen: eine leere Plastikflasche, ein Besen, eine Leiter, ein Stück Seil, ein Netz ...

KAPITEL III

Grundmodelle und Arbeitsvorschläge

Vorbemerkung

In diesem Kapitel werden Arbeitsvorschläge für das szenische Spiel im Rahmen und als Form des Literaturunterrichts vorgestellt; sie gehen von konkreten Textvorlagen aus und sind so konzipiert, daß sie in einer normalen Unterrichtsstunde (45 Minuten) durchgeführt werden können. Voraussetzung ist allerdings, daß eine Klasse ein entsprechendes Training durchgeführt hat, daß sie mit Ernst dabei ist und daß ihr die Arbeitsweise des szenischen Verfahrens einigermaßen vertraut ist.

Ich gehe bei diesen Arbeitsvorschlägen bewußt von der (deutschen) Literatur vergangener Epochen aus, die ja von den Schülern nicht immer und nicht unbedingt als Höhepunkt des Deutschunterrichts erlebt wird. Vielleicht läßt sich mit dem szenischen Verfahren die von den Schülern oft voreilig angenommene und hartnäckig behauptete Distanz zu diesen Texten überwinden und damit auch ein Zugang zu älteren Texten leichter herstellen.

Um diesem Kapitel, in dem viele Einzelformen vorgestellt werden, einen inneren Zusammenhang und damit auch eine bessere Übersichtlichkeit zu geben, greife ich immer wieder auf die gleichen acht Texte zurück, die hier als Standard gelten und an denen ich die Modelle konkretisiere; Transfermöglichkeiten sind selbstverständlich jederzeit gegeben und brauchen nicht besonders hervorgehoben zu werden.

> Euripides: „Medea"
> Hartmann von Aue: „Der arme Heinrich"
> G. E. Lessing: „Emilia Galotti"
> Georg Büchner: „Lenz"
> Henrik Ibsen: „Nora"
> Franz Kafka: „Jäger Gracchus" „Ein Landarzt" „Vor dem Gesetz"
> Marieluise Fleißer: „Fegefeuer in Ingolstadt"
> Ödon von Horváth: „Glaube Liebe Hoffnung"

Texte, an denen Modelle konkretisiert werden, Transfermöglichkeiten sind jederzeit gegeben

Die meisten der nachfolgend beschriebenen Arbeitsvorschläge setzen die Kenntnis des jeweiligen Textes oder zumindest einzelner Teile davon voraus, sind also während oder nach Abschluß der Lektüre einzusetzen und bilden gleichsam den Übergang von der subjektiv geprägten Textrezeption zur Textreflexion und zur Interpretation.

Allerdings: Der Text wird während der Durchführung von szenischen Formen nicht einfach als schon gelesen beiseite gelegt; was im Spiel an Zugängen und Einsichten – emotional, imaginativ und kognitiv – erreicht und erfahren

Szenisches Spiel muß zu wiederholter Textkonsultation führen

wird, sollte immer wieder am Text überprüft und kontrolliert werden. Das heißt, das szenische Spiel sollte Neugier auf den Text und eine neue Lust am Text zur Folge haben: Das habe ich im szenischen Spiel erfahren, entdeckt, erprobt – jetzt will ich es am Text überprüfen.

Die folgenden Arbeitsvorschläge setzen eine unterschiedliche Sicherheit in der Textkenntnis voraus. Die Lehrkraft wird von Fall zu Fall entscheiden müssen, ob die reale Textkenntnis der Klasse schon ausreicht, um eine dieser Übungen durchzuführen. Bei nur oberflächlicher Textkenntnis wird die szenische Arbeit schnell zur vordergründigen Spekulation und zum bloßen „Rumspielen".

Der Zugang zu den szenischen Formen wird leichter, wenn die Lektüre perspektivisch erfolgt ist, d. h. wenn die Schüler schon bei der Lektüre ganz eindeutig Partei für eine bestimmte Figur ergriffen und den Text gleichsam aus deren Perspektive gelesen und reflektiert haben. Parteinahme heißt aber nicht zwingend Identifikation; bei der Lektüre und bei den nachfolgenden szenischen Formen muß sich der Schüler zwar eingehend mit seiner Figur auseinandersetzen, ihre Interessen vertreten, er muß aber auch Distanz wahren und so über „seine" Figur sprechen können.

Bei jedem szenischen Arbeiten sollte sich die Lehrkraft stets die folgenden beiden Grundregeln vor Augen halten:

1. Szenisches Arbeiten darf nie bloße Spielerei sein. Es ist nur dann sinnvoll, wenn es zu neuen Einsichten und vertieftem Textverständnis führt. Das heißt aber auch, daß anspruchsvolle Aufgaben gestellt und die Spielanregungen so formuliert werden, daß sie eindeutig und verbindlich auf Ermittlung und Erkundung von Textproblemen ausgerichtet sind.
2. Szenisches Spiel soll die individuelle Textrezeption ernst nehmen. Das setzt zwar Bereitschaft zum experimentellen Arbeiten voraus, schließt aber die Verpflichtung ein, auch den Text ernst zu nehmen. Irgendwann muß die individuelle Textrezeption auch die Akzeptanz anderer Rezeptionsformen und -zugänge einschließen und zu einem textadäquaten Konsens führen.

Manchmal hört man den Einwand „Was ihr da macht, führt zu weit vom Text weg, das ist Unterhaltung, Gag, nichts weiter."

Wer intelligente Aufgaben gestellt hat und das szenische Spiel mit eindeutig interpretatorischer Absicht betreibt, braucht sich um diesen Einwand nicht zu kümmern. Denn dieses Verfahren führt nicht vom Text weg, aber es führt weg von wohlvertrauten, eingeübten und erprobten Unterrichtsmustern.

Annäherung an Text und Figur

Der erste Eindruck, der sich beim Lesen eines Textes einstellt, ist für das Text-verständnis und für die Einschätzung von Figuren und Situationen konstitu-ierend und mitunter sogar prägender als manche spätere Auseinandersetzung. In dieser ersten Übung soll gezeigt werden, wie primäres Textverständnis in-szeniert und wie die dabei entstehenden Bilder und Vorstellungen konkreti-siert und versprachlicht werden können.

Den Schülern liegen die ersten vierzig Zeilen von Marieluise Fleißers Text vor:

Wohnzimmer bei Berotter, Berotter, Olga, Clementine, diese vorerst hinter der Szene

CLEMENTINE — Wo ist wieder der Schlüssel in den Wäscheschrank? Alles wird bei uns verlegt.

BEROTTER — Kannst du nicht antworten?

CLEMENTINE — Wenn ich die Betten überziehen muß.

BEROTTER — Die Seitz Hermine soll sich wohl in ein unüberzogenes Bett legen?

OLGA — Auf der Kommode.

BEROTTER — Hast du wieder was eigenmächtig herausgenommen? Wie oft soll ich dir noch sagen, das ist bei uns verboten.

OLGA — Die Clementine gibt mir immer nichts.

CLEMENTINE *kommt herein* — Erst muß man schrein. Olga, dein Hemd schaut wieder aus. Schau den Verzug an, mit dem du herumläufst.

OLGA — Wenn du mir ewig nichts gibst.

CLEMENTINE — Was soll die Hermine denken?

OLGA — Von mir aus braucht sie nicht kommen.

BEROTTER — Die Frau Seitz liegt im Krankenhaus. Wo soll sie hin damit?

OLGA — Ihr kennt die Hermine nicht.

BEROTTER — Im Kloster war sie deine Freundin.

CLEMENTINE — Die Reissuppe, die du nicht magst, hat sie auch immer für dich gegessen.

OLGA — Der Mama wäre es nicht recht, wenn sie ins Haus kommt.

CLEMENTINE — Sie spricht von der Mama!

BEROTTER — Das tue ich schon der Frau Seitz nicht an.

OLGA — Die siehst du gern.

BEROTTER — Mit dir werde ich mich herumstreiten. Du bist was Apartes für deinen Vater. Sie kann Latein. Sie will mir imponieren.

CLEMENTINE — Sie hat nicht einmal bei der Beerdigung geweint.

BEROTTER — Will mitreden.

CLEMENTINE — In der Kirche war sie heut auch nicht.

BEROTTER — Warst du nicht in der Kirche? Du gibst mir ein schönes Bei-spiel. Das ist die Ältere.

OLGA — In der Kirche geht der böse Feind um den Beichtstuhl herum.

CLEMENTINE   Das ist dein schlechtes Gewissen.
BEROTTER   Bei dir weiß man nicht, ob man dich hineinschicken soll. Ich
             will nicht wieder deine Abtötungen. Du übertreibst gleich.
CLEMENTINE   Dich wenn wir nicht hätten!
OLGA   Das sagt ihr mir jeden Tag.

In einer Ecke des Klassenraums wird ein mögliches Intérieur (Wohnzimmer bei Berotter) angedeutet. Vielleicht übernimmt es eine kleinere Gruppe, mögliche Grundrisse dieses Intérieurs aufzuzeichnen, die dann bei späteren Auseinandersetzungen mit dem Text wieder herangezogen und auch in den historischen Kontext gestellt werden können. Drei Schüler werden aufgefordert, in diesem Raum Platz zu nehmen und die Positionen von Berotter, Clementine und Olga einzunehmen, und zwar möglichst exakt für die im Text zuvor markierte Stelle (d. h. der Moment des Eintretens von Clementine), aber unter gleichzeitigem Einbezug aller Informationen, die sich in der vorliegenden Passage über die Figuren, ihre Biographie und ihre gegenseitigen Beziehungen ableiten lassen.

Ein solches Vorgehen kann sehr kontrovers verlaufen, denn jeder Leser hat seine Vorstellung: Der eine will Berotter im Zentrum des Zimmers, des szenischen Raums, haben, an einem Tisch sitzend, der ihm Halt und äußere Autorität gibt, während Olga am Rand sitzt, ganz Außenseiterin, die sich verweigert und von den anderen wegen ihres Verhaltens und wegen ihrer Bildung („Sie kann Latein.") stigmatisiert wird. Andere dagegen möchten Olga im Zentrum der Spielfläche haben und damit ihr Außenseitertum gerade thematisieren. Andere Diskussionen ergeben sich bei der Erprobung von Olgas möglichen Haltungen: Ist ihr Nichthören („Erst muß man schreien.") auf äußere Ursachen zurückzuführen? Liest sie? Schreibt sie? Oder ist es Ausdruck von Trotz und Verweigerung? Oder Ausdruck von Angst und Verzweiflung? (Ist sie tatsächlich schwanger?)

Als Regel gilt: Alle Vorschläge müssen erprobt werden, denn sie entspringen einer Texteinsicht und einer individuellen Textvorstellung. Der Spielleiter hat zunächst nur die Aufgabe, alle Vorschläge aufzunehmen, sie zu sortieren, nach Begründungen und Textbelegen zu fragen. Erst in einer zweiten Phase kann dann der Spielleiter die Wahrscheinlichkeit und die Plausibilität der einzelnen Vorschläge zur Diskussion stellen. Irgendwann wird er auch die Information einbringen, daß das Stück um 1920 in einer katholischen Kleinstadt in Bayern spielt, und nach den Konsequenzen für die Darstellung fragen.

Stanislawski pflegte alle Regieanweisungen in der Textvorlage, mitunter sogar die Namen der Personen, unkenntlich zu machen und von seinen Schülern zu verlangen, eigene Raumvorstellungen und Rollenverteilungen zu erfinden: ein Verfahren, das auch im Literaturunterricht spannend sein kann, allerdings nur dann, wenn ein Text bei Arbeitsbeginn ausnahmsweise unbekannt ist. Eigene Vorstellungen zu entwickeln, das macht neugierig auf die Lektüre und schafft Diskussionsanlässe.

2. MUSEUMSSPIEL MIT FIGUREN

Das Museumsspiel – es wird hier am Beispiel eines schwierigen und hermetischen Textes gezeigt – bietet die Möglichkeit zu einem ersten Gespräch über Figuren und deren wechselseitige Beziehungen. Es geht von der schon in den Trainingsformen beschriebenen Grundanordnung (vgl. Übung 8) aus.

Das Spiel gibt Anstöße zu Gesprächen über Charakter, Biographie und Aussehen von Figuren

Jäger Gracchus

Vor Spielbeginn geben sich die Schüler eine Rolle: Sie wählen zwischen Jäger Gracchus, dem Bootsmann und dessen Frau sowie dem Bürgermeister und dessen Frau. Die Klasse wird in zwei etwa gleich große Gruppen (A und B) aufgeteilt. Die Spieler der Gruppe A befestigen ein Schildchen an ihrem Hemd/Pullover, auf dem der Name ihrer Figur steht. Sie stellen sich im Raum auf, nehmen eine nach ihrer Einschätzung typische Haltung ihrer Figur ein und erstarren auf ein Zeichen des Spielleiters zur Statue. Die Spieler der Gruppe B sind Museumsbesucher. Sie gehen im Raum umher, schauen sich die Figuren an, unterhalten sich über Charakter, Biographie und Aussehen der einzelnen Figuren, über ihre wechselseitigen Beziehungen und über ihre Bedeutung im Text. Sie spielen dabei nicht irgendeine erfundene Rolle, sondern sind einfach Schüler, die über Figuren reden, sich gegenseitig Fragen stellen, Unklarheiten im Textverständnis thematisieren usw. Daß die anderen (Gruppe A) wie Wachsfiguren dastehen, gibt Anschauung und erhöht ganz einfach den Reiz des Spiels. Man bleibt viel eher dabei, als wenn man einfach über die Figuren redet.

Eine Variante: Die Spieler der Gruppe B sind nicht Museumsbesucher, sondern Museumsarbeiter und -pädagogen. Sie dürfen die Haltung/den Audruck der Museumsfiguren nach ihren Vorstellungen verändern, und sie sollen die Figuren zueinander in Beziehung setzen, dürfen sie herumtragen und so nebeneinander stellen, daß ein Denkmal/Standbild entsteht, auf dem alle Figuren so vorkommen, daß man etwas über ihre wechselseitigen Beziehungen erkennen kann. Das kann auch Grundlage für eine Denkmalimprovisation werden.

3. TEICHOSKOPIE

Der Begriff Teichoskopie, eigentlich „Blick über die Mauer", ist aus der griechischen Literatur bekannt. Ein zentrales Geschehen ist verdeckt, d. h. vollzieht sich außerhalb der Bühne bzw. des Aktionsraums, und wird durch einen Beobachter in das Bühnengeschehen eingebracht. Der Beobachter erzählt, was er sieht, bringt Objektives ein, das aber subjektiv gefiltert wird. Die Umstehenden hören zu, stellen Fragen und kommentieren. Vom Botenbericht, der ja ebenfalls aus dem griechischen Drama bekannt ist, unterscheidet sich die Teichoskopie lediglich in der Zeitdimension. Was die Teichoskopie einbringt, geschieht jetzt, während der Botenbericht über vergangenes Geschehen referiert.

Dieses einfache Prinzip wird hier zu einer wichtigen und vielfältig einsetzbaren Spielform umgestaltet, in der ganze Textinhalte oder einzelne Passagen (Anfänge, zentrale Momente oder der Schluß einer Handlung) rekonstruiert werden.

Der Spielleiter erklärt einen bestimmten Textinhalt zum zentralen, aber unsichtbaren, verdeckten Geschehen einer Improvisationsübung und ernennt einen Schüler, vielleicht auch mehrere, zum unfreiwilligen Augenzeugen dieser Begegnung. Dieser berichtet den anderen, was er sieht. Die Szene selbst wird also gar nicht gespielt, sondern durch das Erzählen rekonstruiert. Dabei können Varianten des Erzählens, wie sie im Kapitel II beschrieben sind (vgl. Übung 9) eingesetzt werden.

Ergänzung eines Erzählstandpunktes

Wenn ein einzelner Schüler eine solche Passage referiert, ist er natürlich schnell am Ende, auch wenn er, seiner Phantasie folgend, die Textvorgabe etwas ausweitet. Der Spielleiter kann die gleiche Szene auch durch eine, zwei oder mehrere Gruppen referieren lassen, wodurch vielleicht gegensätzliche oder zumindest voneinander abweichende Wahrnehmungen eingebracht werden. Damit ist im Kern schon ein Interpretationsansatz gegeben. Man kann dem Beobachter auch einen „blinden" Partner geben, der, weil er nicht sieht, Fragen stellt, die der Beobachter beantworten muß.

Lenz Auf den ersten beiden Seiten seines „Lenz" erzählt Büchner, wie die Hauptfigur seiner Novelle am Ende einer Wanderung durch die Vogesen nach Waldbach kommt und am Hause von Pfarrer Oberlin anklopft. Diese Sequenz wird aus der Perspektive von Lenz erzählt. Schon mit dem zweiten Satz wird das, was als Erzählung beginnt, zum inneren Monolog. Dem inneren Standpunkt der Erzählung kann durch die Teichoskopie ein Außenstandpunkt entgegengesetzt werden: Leute aus Waldbach, welche die Ankunft von Lenz aus ihren Häusern beobachten, etwa die Familie des Schulmeisters (objektive Neugier, Chronistenposition); Knechte und Mägde (Beunruhigung; Lenz als etwas Ungewöhnliches); bigotte alte Leute (moralische (Vor-)Verurteilung); schließlich Oberlin selbst mit seiner Familie (Empathie, Mitleid).

In einer ersten Phase kann man durchaus im Sinne von Simultanübungen alle Gruppen gleichzeitig arbeiten lassen, d. h. die jeweilige Teichoskopie mehrfach ausprobieren, das Angebot anreichern und eindeutig ausgestalten. Dann sollte jede Gruppe ihre Darstellung einmal ganz vorsprechen, und schließlich kann der Spielleiter die Funktion eines Dirigenten übernehmen und den einzelnen Gruppen ihren Einsatz geben: Eine Gruppe wird zugeschaltet, die anderen sind solange stumm, bleiben aber, auch emotional, in ihrer Position. Die Schwierigkeit bei dieser letzten Form besteht darin, daß jede Gruppe das unsichtbare Geschehen genau an dem Punkt übernehmen muß, wo es die vorangehende verlassen hat: Denn trotz der wechselnden Positionen muß das verdeckte Geschehen für einen unbeteiligten Zuschauer chronologisch plausibel und nachvollziehbar bleiben.

Emilia Galotti In „Emilia Galotti" II, 6 erzählt Emilia ihrer Mutter, wie der Prinz ihr in der Kirche seine Zuneigung zugeflüstert und wie er sie nach dem Gottesdienst auf dem Weg nach Hause angesprochen hat:

EMILIA   (...) Ich floh –
CLAUDIA Und der Prinz dir nach –

EMILIA   Was ich nicht wußte, bis ich in der Halle mich bei der Hand ergriffen fühlte. Und von ihm! Aus Scham mußt' ich Stand halten: mich von ihm loswinden, würde die Vorbeigehenden zu aufmerksam auf uns gemacht haben. Das war die einzige Überlegung, deren ich fähig war – oder deren ich mich nun wieder erinnere. Er sprach; und ich hab' ihm geantwortet. Aber was er sprach, was ich ihm geantwortet; – fällt es mir noch bei, so ist es gut, so will ich es Ihnen sagen, meine Mutter. Jetzt weiß ich von dem allem nichts. Meine Sinne hatten mich verlassen. – Umsonst denk' ich nach, wie ich von ihm weg, und aus der Halle gekommen. Ich finde mich erst auf der Straße wieder; und höre ihn hinter mir herkommen; und höre ihn mit mir zugleich in das Haus treten, mit mir die Treppe hinauf steigen –

Ich stelle mir vor, daß die „Halle" (ein öffentlicher Raum) in der Emilia vom Prinzen angesprochen wird, von Häusern umgeben ist und von dort auch eingesehen werden kann. Und ich nehme in jedem dieser Häuser eine Gruppe von Leuten an, die das Geschehen aus ihrer speziellen Optik wahrnehmen und auf ihre Weise kommentieren. Ich treffe dabei – zum Beispiel – das folgende Arrangement:

Haus I: Nachbarn der Galottis: drei Beobachter und ein Blinder, der Fragen stellt;
Haus II: einige kurzsichtige Beobachter, die das Geschehen nur unklar wahrnehmen; ihre „Wahrnehmungen" sind durchsetzt mit widersprüchlichen Mutmaßungen;
Haus III: einige bigotte Selbstgerechte, die das Geschehen moralisch qualifizieren und Emilia vorverurteilen;
Haus IV: die Besserwisser, die jetzt schon genau wissen, wohin das führen wird;
Haus V: die Kundschafter der Gräfin Orsina.

Jäger Gracchus   In Kafkas „Jäger Gracchus" scheint sich die Teichoskopietechnik gleichsam zu verbieten, weil das zentrale Geschehen, die Ankunft des Jägers, von niemandem beachtet wird. Alle Leute am Hafen von Riva lassen die Bahre vorbeiziehen, ohne auch nur den Kopf zu drehen. Der einzige Zuschauer, der Junge, schließt das Fenster ganz schnell, nachdem er die Bahre gesehen hat. Und doch, man möchte der einseitigen Position der Erzählung – alles Wichtige erfährt man ja aus dem Mund des Jägers – eine andere Position entgegensetzen und die Erzählposition damit objektivieren. Ich wähle die folgende Möglichkeit: Ich gebe der Gruppe vier Bilder des Grafikers und Erzählers Bruno Schulz (vgl. Abbildung S. 41) und fordere sie auf, aus den Bildern Erzähl- bzw. Betrachterpositionen abzuleiten und so dem Jägerstandpunkt einen anderen entgegenzusetzen.

    Als Zeitpunkt wird angenommen: Während der Jäger dem Bürgermeister von seinem Schicksal erzählt, reden die Leute „draußen" über den Jäger. Die folgenden Spielanregungen sind anläßlich einer konkreten Erprobung von Schülern formuliert worden:

Die Teichoskopie erlaubt Handlungsvarianten durchzuspielen, Historisches einzubringen, Räume zu beschreiben

Józef und Rudolf mit Freunden auf dem Ladentisch sitzend.
Skizzenfassung für die Illustration zur Erzählung „Der Frühling"
aus dem Band „Das Sanatorium zur Todesanzeige", 1937.

Pilger, 1921, Glasradierung

Józef spricht mit Dr. Gotard. Illustration zur Erzählung „Das Sanatorium
zur Todesanzeige" aus dem gleichnamigen Band von 1937.

Leierkastenmann auf dem Hof (II). Illustration zur Erzählung „Das Buch"
aus dem Band „Das Sanatorium zur Todesanzeige" von 1937.

Bild I: Der Junge links auf dem Bild war unter den fünfzig Knaben, die bei der Ankunft des Jägers Spalier standen; jetzt erzählt er den anderen (und spielt sich auf dabei), was er erlebt hat.

Bild II: Die Frau des Bootsführers begibt sich in die Schenke am Hafen und wird von den alten Männern neugierig und lüstern beobachtet.

Bild III: Der frühere Bürgermeister von Riva erzählt einem neugierigen Bekannten von früheren Besuchen des Jägers.

Bild IV: Der Leierkastenmann singt die Moritat des Jägers Gracchus, die Leute (die die Ankunft des Jägers gar nicht beachtet haben) hören aufmerksam zu.

Die Teichoskopie, so wie sie hier verstanden wird, ist natürlich nicht mehr nur das Einholen einer verdeckten Handlung. Sie ergibt die Möglichkeit einer Darstellung aus anderer Perspektive, erlaubt aber auch, Handlungsvarianten durchzuspielen, Historisches einzubringen: Was tragen die Leute? Wie ist die Architektur der Räume? Und sie kann auch zur eigentlichen Inszenierungsarbeit werden, wenn die Spieler der Textvorlage eigene und selbstentwickelte Szenen entgegensetzen.

Strenggenommen setzt die Teichoskopie einen Zuhörer voraus. Das verdeckte Geschehen wird einem unbeteiligten Menschen, der es nicht sehen kann, mitgeteilt. Auch das ist im Unterricht machbar: Die Teichoskopen erzählen ihren Mitschülern, die in der Zwischenzeit etwas anderes gemacht haben, die Geschichte von ihrem Standpunkt aus. Adressaten können aber auch Schüler einer anderen Klasse sein.

Man kann das hier vorgestellte Prinzip der Teichoskopie auf jede beliebige Szene oder jeden beliebigen Textausschnitt anwenden, wenn man das Geschehen für verdeckt erklärt und es damit zum Ausgangspunkt für eine Spielsequenz macht. Voraussetzung ist allerdings, daß die als verdeckt gewählte Passage

- ein Minimum an referierbarer Handlung und eine gewisse Dauer hat, damit die Teichoskopie auch genügend Stoff bekommt;
- sich die Handlung in einem zumindest halböffentlichen und einsehbaren Ort abspielt, der in unserer Vorstellung eine Beobachter-/Zuschauerposition zuläßt.

Manchmal besteht bei diesen Teichoskopieübungen die Gefahr, daß die Schüler Freude an der Groteske oder am Klamauk bekommen. Das braucht man nicht von vornherein abzublocken, eine komische, vielleicht auch groteske Betrachtungsweise darf nicht untersagt werden, solange es insgesamt bei einer ernsthaften Auseinandersetzung mit dem Text bleibt.

4. STAMMTISCH UND BEICHTSTUHL

Ebenso wie das Museumsspiel und die Teichoskopie sind auch der gespielte Stammtisch, d. h. das Kommentieren einer Handlung durch ein Kollektiv, das einen Teil der öffentlichen Meinung repräsentiert, und das Beichtstuhlgespräch, das Vier-Augen-Gespräch mit einem Vertreter der öffentlich etablierten moralischen Ordnung, Möglichkeiten eines interessegeleiteten Redens über Figuren. Das eigentliche Geschehen ist auch in diesem Falle verdeckt oder vergangen und eine bestimmte Person(-engruppe) spricht darüber.

Glaube Liebe Hoffnung

In Horváths „Glaube Liebe Hoffnung" beispielsweise kann man die Ansätze zu solchem Reden über Figuren, die der Text ohnehin schon anbietet, zu eigentlichen Szenen ausbauen: Die Schupos hocken an ihrem Stammtisch, reden über ihr Berufsethos und über die moralische Verkommenheit von Elisabeth und offenbaren damit gleichzeitig ihre Doppelmoral. Ebenso machen es die Herrenrunde um den Präparator, eine Gruppe von Frauen um Irene Prantl

Reden über Figuren

43

oder auch eine Gruppe von Arbeitslosen vor dem Wohlfahrtsamt. Sie reden jeweils über Elisabeth, sie diskutieren ihren Standpunkt und machen dabei deutlich, wie öffentliche Meinung entsteht und wie sich (Vor-)Urteile festsetzen.

Horváths Text bietet eine Fülle von solchen Ansatzpunkten und ist von seinem Inhalt her auch besonders geeignet für solche Stammtischgespräche, weil er den Terror der öffentlichen Meinung zum Thema macht. Der Spielleiter muß lediglich dafür sorgen, daß die einzelnen Gruppen mit Figuren angereichert werden, die über das Textangebot hinausgehen, und er muß den Spielern deutlich machen, daß diese Gesprächsrunden gleichsam institutionalisiert und an ganz verschiedenen Stellen des Handlungsverlaufs eingesetzt werden können. So entstehen Interpretationsansätze.

Eine andere Möglichkeit des Redens über Figuren ist der Beichtstuhl, d. h. das Kommentieren und Beurteilen von Verhalten aus einer moralischen bzw. religiösen, einer höheren oder irgendwie genormten Position: Horváths Elisabeth betritt den Beichtstuhl und bekennt dem Geistlichen, daß sie aus Not Geld unterschlagen, daß sie mit dem Schupo geschlafen hat usw.

*(Marginalie: **Kommentieren einer Handlung, Beurteilen von Verhalten**)*

So wie oben das Stammtischgespräch einfach als kollektive Optik einer bestimmten Gruppe von Menschen definiert worden ist, so ist auch der Begriff des Beichtstuhls hier nicht wörtlich zu nehmen: Natürlich bietet das von der Öffentlichkeit abgeschirmte Gespräch im Beichtstuhl eine solche Möglichkeit; sie ergibt sich aber auch auf der Couch des Psychiaters oder im Vier-Augen-Gespräch, das die in Frage kommende Figur mit einer Person ihres Vertrauens führt.

Ganz abgesehen davon, daß man auf diese Weise das Verhalten einer Figur im Detail diskutieren kann, bietet der Beichtstuhl die Möglichkeit,

– die Moral und die sittlich-religiösen Normvorstellungen der Zeit zu thematisieren, in der das Stück spielt;
– zu zeigen, inwieweit einzelne Figuren (wie hier Elisabeth) diese Moral bereits verinnerlicht haben und daraus Schuldgefühle und Selbstbezichtigungen ableiten;
– eventuell auch zu verdeutlichen, wie die Normvorstellungen, die der betreffende Gesprächspartner vertritt, zu einem Herrschaftsinstrument verkommen sind.

5. MAGNETISCHES ZENTRUM

Während die ersten vier Arbeitsvorschläge das szenische (inszenierte) Reden über die Figuren zum Thema gehabt haben, geht es in den nächsten Arbeitsanregungen um die Identifikation mit den Figuren und um die Imagination von Räumen und Schauplätzen.

Der arme Heinrich

Der Spielleiter bittet die Spieler, die sich zuvor mit einer wichtigen Figur des Textes (Ritter, Mädchen, Vater, Mutter, Arzt) auseinandergesetzt haben, sich in einem weiträumigen Kreis hinzusetzen und sich ganz auf ihre Figur zu konzentrieren.

*(Marginalie: **Konzentration auf die Figur**)*

Spielleiter: „Stellt euch vor, in der Mitte des Raums sei an der Decke eine intensive Lichtquelle festgemacht, die für eure Figur etwas unbedingt Positives, aber letztlich nicht Erreichbares darstellt. Ihr nähert euch in einer Haltung der Bewunderung, Hoffnung und Zuversicht dieser Lichtquelle. Wenn ich in die Hände klatsche, wird die Lichtquelle von einer Sekunde zur anderen unerträglich hell und unerträglich heiß: eine Art Atomblitz, der euch zu Boden wirft. Wenn ich wieder in die Hände klatsche, ist die Lichtquelle wieder da wie zu Beginn, aber in eure anfängliche Bewunderung mischt sich jetzt auch eine gewisse Skepsis. Ich klatsche nochmals in die Hände: Die Lichtquelle wird schwächer, flackert, erlischt – und ihr geht – enttäuscht? resigniert? – an den Ausgangspunkt zurück."

Im Grunde genommen ist dies die inszenierte Frage nach den Idealen, Utopien und Hoffnungen einer Figur und nach den Realitäten, in denen diese Ideale ins Wanken geraten, aufgegeben oder von außen her zerstört werden.

Diese etwas mystisch anmutende Übung kann nicht mit jedem Text durchgeführt werden. Sie wird dort schwierig und vielleicht auch fragwürdig, wo die Grenzen zwischen Ich und Figur undeutlich bleiben und wo in der Folge eine Art von Identifikationssog entstehen kann. Sie kann auf jeden Fall nur bei ganz solider Textkenntnis durchgeführt werden.

Das Spielerlebnis aber ist, wie die Erfahrung immer wieder zeigt, recht intensiv und kann die Grundlage für interessante Gespräche über die Figuren sein: Welches ist (war) das Ideal meiner Figur? An welchem Punkt der Handlung ist dieses Ideal ins Wanken geraten? Wann hat es sich wieder etabliert? Wann ist es, wenn überhaupt, endgültig geschwunden?

Inszeniertes Fragen nach Idealen und Hoffnungen einer Figur

Nach dem Spiel setzen sich die Spieler in Figurengruppen zusammen und teilen sich gegenseitig ihre Vorstellungen im Zusammenhang mit dieser Lichtquelle mit. Diese Gespräche verlaufen in der Regel sehr kontrovers, weil fast jeder Spieler andere Vorstellungen von seiner Figur und ihrer inneren Geschichte hat. Zunächst gibt es in diesem Gespräch nicht „Richtig" oder „Falsch", nur eine ganze Palette von Möglichkeiten im Inneren einer Figur. Die Gruppe soll sich aber mit der Frage der Wahrscheinlichkeit der einzelnen Figurenpositionen auseinandersetzen und die Ergebnisse in einem Gruppenpapier festhalten, das im Klassenzimmer aufgehängt wird und das jederzeit korrigiert werden kann, wenn die Gruppe im Verlauf der Auseinandersetzung mit den Figuren zu neuen Einsichten und Ergebnissen kommt.

6. RAUM- UND GEFÜHLSGEOGRAPHIE

Nora

Emotionale Schauplätze als Ausgangspunkt zum Bewußtmachen von Anschauungen und Erlebnissen

Das Klassenzimmer wird vom Spielleiter in fünf verschiedene Zonen eingeteilt (evtl. mit Klebeband oder durch die Stellung der Möbel markieren). Im Zentrum wird der Schauplatz des Stücks, das Wohnzimmer der Familie Helmer, angenommen. In zwei Ecken des Klassenzimmers sind die an den eigentlichen Schauplatz angrenzenden Nebenräume markiert, das Arbeitszimmer Thorvalds und damit jener Teil von Thorvalds Welt, von dem Nora ausgeschlossen ist, und der Flur mit dem Briefkasten, ein ganz wichtiger Ort, denn alle Figuren des Stücks haben auf ihre Weise mit dem Briefkasten zu tun: Er ist eine Art Katalysator der Handlung. In den beiden anderen Ecken des Klassenzimmers stellen wir uns Räume vor, die im Stück zwar weder direkt noch indirekt vorkommen, die aber als Aktionsräume der einzelnen Figuren von Bedeutung sind: Die eine Ecke ist die Öffentlichkeit, Straße, Gesellschaft – ein Raum also, in dem die Figuren ihre Rollen spielen und vielleicht auch ihre Masken aufhaben. Die vierte Ecke schließlich muß jeder Spieler für seine Figur individuell definieren: Es ist der Raum der Vergangenheit (des Vorlebens) der einzelnen Figuren.

Die Spieler gehen für diese Übung von der Vorstellung aus, daß ihre Figur gleichsam post mortem das ganze Geschehen noch einmal erlebt, und begeben sich in den Raum, der ihrer Meinung nach für ihre Figur so etwas wie der innere Fokus, das emotionale Zuhause darstellt. Während einiger Minuten konzentrieren sie sich ganz auf ihre Figur, sie versuchen aber auch, sich den Raum vorzustellen: seine Größe, seinen Grundriß, seine Einrichtung. Später kann man dann mit Detailinformationen über den „Zeitstil" einsetzen. Sie stellen sich die Atmosphäre, auch Gerüche dieses Raums vor sowie die Kleider, die Requisiten und die anderen Figuren, die sich in diesem Raum bewegen.

Diese Imagination von Räumen, Einrichtungen und Kleidern darf nicht zur Beliebigkeit ausarten. Wenn etwas nicht mehr klar ist, darf es nicht mit irgendeiner Vorstellung gefüllt werden; dann muß der Text herangezogen werden, dort stehen die auch für dieses Spiel verbindlichen Informationen.

Nach einigen Minuten stehen die Spieler auf ein Zeichen des Spielleiters auf und begeben sich – in einer ebenfalls individuell gewählten Reihenfolge – in die anderen Räume, ganz langsam, evtl. sogar in slow motion, und überlegen sich, welche Erinnerungen, Assoziationen und Emotionen sie, d. h. ihre Figur, mit den einzelnen Räumen verbinden. Es kann durchaus sein, daß sie einzelne Räume mehrfach betreten oder daß sie den einen oder anderen dieser Räume nicht betreten, weil er für sie eine Art Tabu-Zone ist, z. B. Thorvalds Arbeitszimmer für Nora. Die ganze Übung wird am besten von einer ruhigen Musik begleitet, die allerdings nicht zu viele assoziative Vorgaben machen soll.

Am Schluß der Übung setzen sich die Spieler in Figurengruppen zusammen und diskutieren die Ergebnisse: Welchen Raum habe ich als Ausgangspunkt gewählt? Warum gerade diesen Raum? Wie sieht dieser Raum aus? Seine Architektur? Seine Einrichtung? Wie bin ich gekleidet? Welche Räume habe ich nachher betreten? Warum diese Reihenfolge? Welche Assoziationen haben sich eingestellt? Was habe ich Neues erfahren über meine Figur? Diese Raumgeographie ermöglicht

Die Imagination von Räumen, Einrichtungen, Kleidern: individuelle Anschauung und historischer Kontext

– das Bewußtmachen von individuellen Raumvorstellungen, die manchmal von ganz privaten Anschauungen/Erlebnissen mitgeprägt sind, was an sich nicht falsch und auch nicht unzulässig ist, da es mit zur Textapplikation gehört;
– die Überführung dieser individuellen Raumvorstellungen in textadäquate und historisch überprüfbare, im Gespräch mit den anderen und in der Konsultation des Textes.

Lenz Eher eine Art von „Gefühlsgeographie" kann es werden, wenn der Spielleiter anstelle von geographischen Räumen (Schauplätzen) emotionale Zonen anregt: Bei Büchners Lenz etwa könnten dies die Zonen der Angst (Nacht), der Langeweile, des Todes (Todeswunsch), der inneren Leere, der Empfindungslosigkeit usw. sein. Auch hier das gleiche Vorgehen: Die Spieler wählen ihre Kernzone, den Ausgangspunkt der Wanderung, und gehen anschließend durch die anderen Zonen. An das gemeinsame Gespräch kann sich eine erweiterte Textkonsultation anschließen: Zitate sammeln (evtl. auch eigene Texte), die in verschiedenen Zonen gesprochen werden können, diese Zitate auf Zettel schreiben und in den einzelnen Zonen aufhängen (vgl. dazu Arbeitsvorschlag 18: „Zitatenteppich").

Es versteht sich von selbst, daß diese Räume nicht zwingend vom Spielleiter vorgegeben werden müssen, sondern daß sie von den Schülern vorgeschlagen oder in der gemeinsamen Arbeit bestimmt werden können.

7. MONOLOG MIT REQUISIT
Der Spielleiter gibt den Schülern, die sich ihre Rolle in der „Emilia Galotti" gewählt haben, ein figurentypisches Requisit in die Hand: dem Prinzen ein Bild mit dem Porträt der Emilia, der Emilia eine Perlenkette, der Gräfin Orsina ein Messer, dem Odoardo eine Waffe (Pistole) – und beauftragt die Spieler, mit dem Gegenstand in der Hand, der dann zu einer Art Stimulus wird, einen inneren Monolog zu entwickeln und dabei genau die Textstelle zu definieren, an der dieser Monolog eingeschoben werden könnte. Zum Beispiel:

Das Innere einer Figur erkunden

Emilia Galotti
– Am Morgen ihrer Hochzeit, zu Beginn des zweiten Aufzugs, sitzt Emilia vor dem Spiegel und kämmt sich; dann nimmt sie eine Perlenkette, die ihr Graf Appiani vor einiger Zeit geschenkt hat, zur Hand. Dabei fällt ihr ein, daß sie eben diese Kette an dem Abend getragen hat, als der Prinz sie im Hause des Kanzlers Grimaldi zum ersten Mal angesprochen hat ...
– Zum gleichen Zeitpunkt, nehmen wir an, sitzt die Gräfin Orsina in ihrem Zimmer und macht sich fertig zum Besuch beim Prinzen: Da der Prinz nicht auf ihren Brief geantwortet hat, nimmt sie an, sie werde erwartet. Wenige Augenblicke zuvor haben ihr ihre Kundschafter gemeldet, daß der Prinz nach der Kirche Emilia auf der Straße angesprochen hat. Kurz vor dem Verlassen ihres Zimmers steckt Orsina ein Messer in ihre Handtasche ...
– Am Ende des Stücks: Der Prinz fährt nach dem Tod Emilias in die Stadt zurück. Er betritt sein Kabinett, das er am Morgen überstürzt verlassen hat. Am Boden, neben seinem Bett liegt das Bild Emilias ...

Solche Monologe sollten keine Schreibtischtaten sein, sondern in der konkreten Spielsituation mit dem Gegenstand in der Hand entwickelt werden. Die erste Fassung dieses Monologs ist wahrscheinlich relativ banal. Also: Zeit geben, damit die Spieler ihren Monolog entwickeln und überarbeiten und dabei immer wieder auch Lessings Text konsultieren können. Denn es soll ja nicht irgendein Text entstehen, sondern etwas, was einen Beitrag zur Innenausstattung der Figur darstellt.

Ich empfehle den Schülern, solche Monologe in der Du-Form zu schreiben. Das hat den Vorteil, daß sie nachher diesen Monolog einem Mitschüler mit der gleichen Rolle gleichsam in den Hinterkopf sprechen können, wobei der Mitschüler den Text auch gleich szenisch umsetzen kann, und daß dieser Mitschüler dann Stellung nehmen kann, ob der Text ihn betroffen macht (ob er „stimmt") oder ob er Widerspruch provoziert.

Auch solche Texte können im Klassenraum aufgehängt (veröffentlicht) werden. Sie sind dann für alle einsehbar – und der einzelne Spieler kann im Verlauf der szenischen Behandlung eines Textes seinen Monolog wegnehmen und durch einen anderen ersetzen, falls die Arbeit am Text ihn zu neuen Einsichten gebracht hat.

8. VOR DEM SPIEGEL Die Schüler spielen im Verlauf der Lektüre von Horváths „Glaube Liebe Hoffnung" die Szene, in der der Schupo Elisabeth vor dem Wohlfahrtsamt anspricht:

SCHUPO	Welche Richtung gehens denn jetzt?
ELISABETH	Wollens mich gar begleiten?
SCHUPO	Ich hab heut keinen Dienst mehr.
ELISABETH	Ich geh lieber allein.
SCHUPO	Habens die Polizeit nicht gern?
ELISABETH	Wieso? (...)
SCHUPO	Sie tun ja direkt, als wärens schon einmal hingerichtet worden.
ELISABETH	Es kümmert sich keiner darum.
SCHUPO	Man darf die Hoffnung nicht sinken lassen.
ELISABETH	Das sind Sprüch.
SCHUPO	Ohne Glaube Liebe Hoffnung gibt es logischerweise kein Leben. Das resultiert alles voneinander.
ELISABETH	Sie haben leicht reden als Staatsbeamter in gesicherter Position.
SCHUPO	Wir müssen doch alle mal sterben.
ELISABETH	Hörens mir auf mit der Liebe.

(Horváth: Glaube Liebe Hoffnung, 14. Szene, leicht gekürzt)

Die Szene ist gleichsam ein Grundmodell für die Entstehung einer Beziehung: Mann spricht Frau an zum Zwecke späteren Beischlafs. Sie ist außerdem ein Paradebeispiel mißglückter Kommunikation. Das Gespräch ist geprägt von Ungeschicklichkeit, sprachlichem Unvermögen, Mißverständnissen, Hilflosigkeit und nur schlecht kaschierter Unverfrorenheit. Die beiden Personen gehen nach diesem Gespräch wieder auseinander, beide unzufrieden mit dem Verlauf der Begegnung. An diesem Punkt setzt die Überlegung für das folgende Spiel an:

Wir nehmen an, daß die beiden Figuren nach diesem Gespräch nach Hause gehen, sich dort vor einen Spiegel stellen und in Gedanken die Begegnung noch einmal durchspielen. Alles funktioniert jetzt wunderbar, es gibt keine Mißverständnisse mehr, dafür aber den zarten Beginn einer großen Liebe. Vor dem Spiegel werden Elisabeth und der Schupo zu souveränen Helden, die das Leben problemlos meistern.

Sie stellen sich vor dem Spiegel in Pose, bewundern sich, finden sich ganz toll, deklinieren innerlich für sich ihre Vorzüge und spielen die Begegnung in der Idealvariante durch, wobei sie den Text des Partners/der Partnerin gleich mitsprechen oder mitdenken.

Textwirklichkeit und Idealvariante

Dieses Vorgehen, eine Figur den Verlauf einer Szene vor einem Spiegel noch einmal durchspielen zu lassen, der wie auch immer gearteten Wirklichkeit also ein eigenes Ideal, eine editio major, entgegenzusetzen, kann zu ganz unterschiedlichen Resultaten führen. Als Spieler lernt man so eine Figur von einer anderen Seite kennen: Man wiederholt einen Ablauf und hat dabei die Möglichkeit der Korrektur. Und man hat den Spiegel als einen stummen Partner, als Kontrollinstanz oder auch als narzißtischen Stimulus. Eine solche Begegnung mit dem eigenen Spiegelbild kann zur Selbsterkenntnis führen oder auch, wie das bei Horváths Figuren vermutlich der Fall ist, zu einer verkitschten Überhöhung: Horváths Figuren, unfähig zur Selbstreflexion, neigen in dieser Situation dazu, die Szene in ihrer persönlichen Wunschform zu spielen. Einen wirklichen Spiegel braucht man nicht für diese Übung. Die Spieler stellen sich vor eine Wand, einen Vorhang o. ä., den Rest hat die Imagination zu besorgen. Auch hier gilt: Alle spielen gleichzeitig und tauschen anschließend ihre Spielerfahrungen aus. Man teilt sich mit, was man an der Figur Neues entdeckt hat.

Der vorgegebene Text ist in jedem Fall verbindlicher Ausgangspunkt und Basis der Arbeit, aber er verändert sich, wird variiert, einiges wird weggelassen, anderes kommt dazu. Auch darüber soll anschließend diskutiert werden.

9. UNTERDRÜCKTE MONOLOGE Wenn die „Innenausstattung" der Figur erkundet wird, kann es von Vorteil sein, sich auch einmal zu fragen, was denn eine Figur über eine andere denkt, jedoch – aus welchen Gründen auch immer – nicht sagt, nicht sagen will oder kann. Das ist vor allem in Texten der Fall, in denen die Figuren sich gegenseitig mißtrauen, etwas verschweigen oder sich etwas vormachen: Man kann hier nach dem „inneren Text" fragen. Voraussetzung ist allerdings, daß die Figuren von ihrer Ausstattung her auch das entsprechende Sprach- und Reflexionsvermögen haben. Bei Horváths Figuren, die sich ja gerade in ihrer Sprachlosigkeit bzw. in der Uneigentlichkeit der Sprache charakterisieren, ist dieses Vorgehen kaum denkbar.

Fegefeuer in Ingolstadt Ganz anders verhält es sich mit den Figuren aus Marieluise Fleißers „Fegefeuer in Ingolstadt": Sie sind, obwohl nicht viel geredet wird, nicht sprachlos, sie reden bloß nicht und liegen gegenseitig auf der Lauer.

Ich wähle als Ausgangspunkt den schon in Arbeitsvorschlag 1 vorgeschlagenen Textausschnitt und bitte die Schüler – Voraussetzung ist allerdings eine gute und genaue Textkenntnis – sich zu überlegen, für sich durchzuspielen und anschließend aufzuschreiben, was die einzelnen Figuren voneinander denken, aber nicht sagen. Was denkt beispielsweise Olga von Clementine? Oder Clementine von ihrem Vater?

Auch hier ist zu empfehlen, solche Texte in der Du-Form zu schreiben. So können die Adressaten in einer viel unmittelbareren Art mit dem Text konfrontiert werden. Das weckt vielleicht ihre Betroffenheit, läßt sie aufhorchen und lädt sie gleichsam ein, ihren Widerspruch und ihre Gegenposition zu formulieren.

Diese Form des unterdrückten Monologs kann neue Einsichten in die Figuren und ihre Interaktionen vermitteln; sie kann aber auch der Klärung und der genauen Analyse einer bestimmten Text-/Stück-Situation dienen.

Nora Ich wähle als zweites Beispiel Ibsens „Nora", Beginn des dritten Aktes (nach dem Weggang von Krogstadt): Krogstadt und Christine haben eben ein Gespräch geführt, das einen Neubeginn ihrer Beziehung bringt. Krogstadt ist weggegangen, um die Sache mit dem Schuldschein in Ordnung zu bringen; Thorvald, Nora und Dr. Rank sind oben beim Ball und sollen jeden Augenblick zurückkehren. Christine, allein, wartet auf die Helmers. In dieser Situation, die so etwas wie ein dramaturgischer Angelpunkt ist, können die unterdrückten

Monologe sehr aufschlußreich sein und obendrein spannend, wenn die Schüler den Schluß des Stücks noch nicht kennen:

Was denkt Dr. Rank, der jetzt, nach den neuesten Befunden, genau weiß, daß er nur noch kurze Zeit zu leben hat, beispielsweise über Thorvald: Ist er wirklich der beste Freund? Oder einfach ein angenehmer Konversationspartner, auf den man sich aber im Ernstfall gar nicht verlassen kann? Und was denkt Nora über Thorvald, wenn die beiden nach Hause kommen, am Briefkasten vorbei, wo seit zwei Tagen der möglicherweise verhängnisvolle Brief Krogstads liegt: Hofft sie auf Verständnis? Auf das „Wunderbare"? Oder geht sie, hier schon, auf Distanz zu Thorvald?

10. INTERAKTIONS-PERFORMANCE

Wenn den Spielern durch verschiedene Übungen die eigene Figur einigermaßen vertraut geworden ist, können Versuche zur Interaktion zwischen der eigenen und einer anderen Figur unternommen werden.

Eine Möglichkeit dazu ist die Interaktionsperformance, die am besten vor dem Spielen von gegebenen Textpassagen durchgeführt und bei der, was die Figuren betrifft, die Stückgrenzen bewußt erweitert werden können/sollen. Es können auch Begegnungen zwischen Figuren erprobt und erkundet werden, die im Text gar nicht aufeinandertreffen – oder es werden Figuren eingeführt, von denen im Text zwar die Rede ist, die aber als handelnde Personen gar nicht in Erscheinung treten. Zum Beispiel: **Medea** trifft auf Glauke (die neue Geliebte Jasons); Jason trifft auf die Amme; Kreon auf Medea usw.

Ich wähle für diesen Arbeitsvorschlag bewußt den Begriff der Performance, um den experimentellen und prozeßhaften Charakter, „work in progress", zu unterstreichen und weil ich dabei auch auf Formen wie Pantomime oder Ausdrucksbewegung (zu Musik) zurückgreife. Die Interaktion zwischen den zwei Figuren wird nicht nur gespielt, sie wird, in mehreren Durchgängen und zwischengeschalteten Reflexionen, erforscht.

Ob man bei dieser Performance auf eine ganz bestimmte Handlungssituation zurückgreift oder ob man ganz grundsätzlich die Beziehung zwischen zwei Figuren erforschen will, ist eine lediglich organisatorische Frage, die allerdings vor Spielbeginn geklärt werden muß.

In einer Vorbereitungsphase sitzen die Spieler jeder Gruppe einander gegenüber, schauen sich einige Augenblicke an oder vielleicht gerade nicht, je nach Annahme der Interaktion, und machen sich ihre eigene Vorstellung von der bevorstehenden Begegnung: Wie werde ich mich (als Medea) verhalten? Wie wird sich meine Partnerin (als Glauke) mir gegenüber verhalten? Welche Reaktionen sind wechselseitig zu erwarten? Mit welchen Emotionen ist zu rechnen? Über diese Reflexionen sollen die Spieler aber im Moment noch nicht sprechen. Sie sollen ja nicht Abgesprochenes inszenieren, sondern in der Improvisation Erwartungen und Einschätzungen aufeinanderprallen lassen. Nach dieser Vorbereitung geht es zur eigentlichen Performance über, die ungefähr nach dem folgenden Muster ablaufen kann:

1. Zu einer Musikbegleitung (Kassette, live oder auch bloß Geräusche mit einem Orff-Instrument) spielen die Schüler die erste Begegnung. Dies soll noch ohne Sprache und bewußt auf Körperlichkeit und Expressivität ausgerichtet sein. Den Schülern bewußtmachen, daß sie Gefühle und Gedanken in körperliche Aktio- **Pantomimische Improvisation**

nen umsetzen sollen: Im Spiel muß man sich beißen, schlagen, küssen, kratzen können, ohne daß dies in irgendeiner Weise persönlich genommen wird.

2. Beim ersten Durchgang – bei dem die beiden Spieler von den Erwartungen und Einschätzungen der Vorbereitungsphase ausgegangen sind – haben sich möglicherweise neue Einsichten, aber auch Überraschungen und Mißverständnisse eingestellt, die besprochen werden müssen. Erst dann erfolgt der nächste Durchgang, der eine Weiterentwicklung sein soll, keine bloße Wiederholung, aber auch keine willkürliche Veränderung. Der Erforschungscharakter soll beibehalten werden. Was im ersten Spiel aufgrund von Einschätzungen entstanden ist, wird weiterentwickelt, verschärft, geklärt, in der Expressivität gesteigert.

3. Ist eine solche Interaktion (vielleicht sind mehrere Durchgänge erforderlich, vielleicht legen einige Gruppen mal eine Pause ein, beobachten eine andere Gruppe, teilen ihre Beobachtungen mit, stellen Fragen) einigermaßen erarbeitet, kann der Spielleiter die Musikvorgabe ändern oder ganz einfach weglassen. Was verändert sich in der Begegnung?

4. In einer letzten Phase werden dann die Spieler aufgefordert, von der pantomimischen Improvisation zur Sprechimprovisation überzugehen. Sie sollen aber in keiner Weise dazu angehalten werden, die Sprache des Autors (bzw. die Stücksprache der Figur) imitieren zu wollen. Wichtig ist nicht, ob die Spielerin ihre Medea so sprechen läßt wie Euripides, sondern daß ihre Sprache der „inneren" Wahrheit der Figur entspricht. Das kann mitunter auch in der Alltagssprache geschehen.

Sprechimprovisation

11. ICH BIN Dieser Arbeitsvorschlag geht von der Annahme aus, daß das Verhalten einer Figur, zum Beispiel Euripides' Medea, das Resultat einer ganzen Reihe von Komponenten (Facetten/Segmenten) ist: Charakterzüge, soziokulturelle Gegebenheiten, psychologische Voraussetzungen, verinnerlichte Verhaltensnormen, situative Gegebenheiten usw. Diese Komponenten sichtbar zu machen, zu differenzieren und im szenischen Experiment zu überprüfen ist Inhalt und Ziel der folgenden Übung:

Das Verhalten einer Figur ist das Resultat einer Reihe von Komponenten

Medea Auf der Spielfläche stehen zwei Stühle: Der eine *ist* Medea, der andere *ist* Jason. Der Spielleiter fordert die Schüler auf, sich zu überlegen, aus welchen Teilaspekten die Figur besteht, und einen dieser Aspekte zu verkörpern. Das heißt für den einzelnen Spieler: nach vorne gehen, sich hinter einen der beiden Stühle stellen und sagen:

> „Ich bin die verwundete Liebe Medeas."
> „Ich bin die Rachsucht der Medea."
> „Ich bin die Heimatlosigkeit der Medea."
> Oder:
> „Ich bin die Treulosigkeit Jasons."
> „Ich bin das, was Jason für Liebe hält."

Diese Komponenten werden nicht vorgegeben, sondern müssen von den einzelnen Spielern selbst erfunden werden. Wenn hinter jedem Stuhl vier oder fünf Spieler stehen – was in der Regel nicht lange dauert – regt der Spielleiter einen Wortwechsel zwischen den beiden Figuren (bzw. zwischen ihren Charakterkomponenten) an; er fordert beispielsweise den Spieler auf, der die verwundete Liebe Medeas verkörpert, sich an Jason zu wenden. In der Jason-Gruppe müssen sich die Spieler überlegen, welche Komponente sich zur Replik aufgerufen fühlt und entgegnen soll. So geht das hin und her.

Man darf nicht erwarten, daß auf diese Weise ein sehr zügiger Dialog entsteht. Eher das Gegenteil ist der Fall, besonders dann, wenn eine Gruppe diese Übung zum ersten Mal durchführt. Aber es ergeben sich nichtsdestoweniger interessante Gesprächssituationen, die dann, wenn sie von jemandem mitgeschrieben werden, zu aufschlußreichen Gesprächen führen können.

Besonders bei älteren Texten kann diese Komponentenanalyse auch dazu führen, daß man eine Figur genauer im Kontext der historischen und soziokulturellen Gegebenheiten sieht. Dazu ein Beispiel aus dem „Armen Heinrich":

Der arme Heinrich　Auf der Spielfläche steht wiederum ein Stuhl, der die Figur des Ritters Heinrich verkörpert. Zur Verdeutlichung wird das Bild eines mittelalterlichen Ritters, z. B. des Bamberger Reiters, auf den Stuhl gestellt. Die Schüler werden keine Mühe haben, die Charakterkomponenten von Ritter Heinrich zu ermitteln: Der Text zählt sie ja gleich zu Beginn auf:

> [...] sîn herze hâte versworn
> valsch und alle dörperheit
> und behielt ouch vaste den eit
> staete unz an sîn ende.
> ân alle mißewende
> stuont sîn êre und sîn leben.
> im was der rehte wunsch gegeben
> von wertlîchen êren.
> die kunde er wol gemêren
> mit aller hande reiner tugent.
> er was ein bluome der jugent,
> der werlte fröude ein spiegelglas,
> staeter triuwe ein adamas,
> ein ganziu krône der zuht.
> er was der nôthaften fluht,
> ein schilt sîner mâge,
> der milte ein glîchiu wâge
> [...]　　　　　　　　(v. 50 - 66)

Auf einem zweiten Stuhl wird nun nicht eine andere Figur angenommen (der Arzt, das Mädchen, der Meier), sondern das moderne Gegenstück. Da Hein-

Kopf des Bamberger Reiters

rich das Idealbild eines erfolgreichen Ritters in seiner Zeit darstellt, er ist gleichsam der Trendsetter der Feudalgesellschaft, verkörpert der zweite Stuhl das Idealbild eines Erfolgsmenschen unserer Zeit. Die Schüler suchen zur Illustration Darstellungen dieses aktuellen Idealbilds, d. h. des modernen Gegenstücks zu Ritter Heinrich, wo sie sich am penetrantesten anbieten, in Modezeitschriften oder in der Werbung.

Modernes Gegenstück zu Ritter Heinrich

Die Fortsetzung dieses Arrangements besteht nun nicht in einem Dialog zwischen zwei in ihre Bestandteile zerlegten Figuren, sondern in der Frage, welche der von Hauptmann aufgezählten Qualitäten auch heute noch Gültigkeit haben, welche verändert, welche aufgegeben werden müssen, welche neu hinzukommen. Das geschieht durch Schülerwanderungen: Die einzelnen Begriffsträger wechseln den Stuhl, einige treten ab, andere werden ersetzt: „triuwe" wird zu Loyalität, „werlte Fröude" zu Fun und „zuht" zu Fitneß ...

12. HOT CHAIR

Die Schüler werden aufgefordert, sich als Hausarbeit oder als Gruppenauftrag mit je einer Figur aus dem Armen Heinrich auseinanderzusetzen (Ritter Heinrich, Mädchen, Arzt, Vater, Mutter), alle Informationen, die der Text anbietet,

Figuren auf dem Prüfstand

zusammenzutragen und eventuell in anderen Quellen zusätzliche Informationen über Lebensbedingungen und Einstellungen des mittelalterlichen Menschen zu sammeln.

Der arme Heinrich

In der eigentlichen Spielphase setzt sich nun nacheinander je ein Schüler jeder Gruppe ins Zentrum, die anderen sitzen in einem weiträumigen Kreis um ihn herum. In einer Art Gerichtsszene wird nun die Figur verhört: Sie wird nach dem Warum ihres Handelns, ihrer Einstellung, ihrem Verhalten, ihrer Biographie, den sozialen Gegebenheiten, dem Verhältnis zu anderen Figuren befragt und muß sofort Antwort geben. Wer mit der Antwort nicht zufrieden ist, hakt nach. Wichtig ist aber, daß stets die Figur befragt wird und nicht der Schüler, der die Figur verkörpert, weil sonst die Befragung Examenscharakter annimmt und der Eindruck entstehen könnte, daß ermittelt werden solle, ob der betreffende Schüler den Text auch wirklich gelesen und verstanden habe. Aus diesem Grund sollte sich der Spielleiter möglichst zurückhalten und die Schüler ihre Fragen stellen lassen.

Manchmal besteht bei dieser Spielform die Tendenz, daß sich die Frager zu sehr von der Textvorlage entfernen und willkürliche, mitunter auch sinnlose Fragen stellen (sinnlos, weil sie nicht mehr mit dem Text zu tun haben oder ganz einfach spekulativ sind). In solchen Momenten muß interveniert werden. Das kann der Spielleiter tun oder – besser noch – eine Gruppe von Schülern, die als „Textüberwacher" eingesetzt sind und jede Frage auf ihre Textplausibilität hin zu prüfen haben.

Das simulierte Verhör wirkt als Stimulans: Es regt an und macht Mut zum Fragenstellen

Natürlich sind in vielen Fällen die Fragen und die Antworten zu modern, zu sehr von heute her gedacht. Gerade bei einem mittelalterlichen Text wird deutlich, wie schwierig es ist, das Verhalten einzelner Figuren zu verstehen: das Mädchen, das sich partout für den Ritter opfern will; der Arzt, der mit seiner Therapie ein ganz bestimmtes Weltbild offenbart; der Ritter, der nach seinem Gesinnungswandel bereit ist, die Krankheit als Fügung Gottes zu akzeptieren. Da ist es dann Aufgabe des Spielleiters zu intervenieren: nicht, indem er Fragen abblockt oder die Antworten der Befragten korrigiert, sondern indem er – selbst Mitspieler – ebenfalls Fragen stellt, die ihrerseits wieder in die Realität des Textes zurückführen.

Die Erfahrung zeigt immer wieder – es hängt wohl mit der zwar sehr bescheidenen, aber für Schüler gut nachvollziehbaren Theatralik dieser Spielanordnung zusammen –, daß dieses Vorgehen zu erstaunlich dichten Ergebnissen führt und wesentlich intensiver wird als eine in der Diskussion erarbeitete Analyse einer Figur. Wahrscheinlich liegt es daran, daß die simulierte Einvernahme als eine Art Stimulans wirkt: Sie regt an und macht Mut (und Lust) zum Fragenstellen. Das gilt auch für den folgenden Arbeitsvorschlag.

13. FIGURENGASSE

Die Schüler stellen sich in zwei sich gegenüberstehenden Reihen auf und bilden so eine enge Gasse. Durch diese müssen die Figuren eines Textes hindurch und werden einer ganzen Reihe von Fragen und Bemerkungen ausgesetzt.

Vor Spielbeginn überlegen sich alle Spieler eine Frage oder als Variante eine abfällige Bemerkung, die sie an die betreffende Figur richten möchten. Dann geht die betreffende Figur langsam durch die Gasse und bleibt bei jedem Spieler stehen: Dieser stellt seine Frage. Die Figur selbst gibt keine Antwort – aber die Fragen werden von einem Schüler protokolliert und dienen später als Basis für die Diskussion.

Ganz abgesehen davon, daß dieser Gang durch die Gasse für den einzelnen Spieler zu einem intensiven Erlebnis werden kann – manchmal auch, je nach Figur, zu einem Spießrutenlauf –, entsteht hier brauchbares Material. Der Schüler darf Fragen stellen, nicht nur der Lehrer, und die Fragen werden nicht auf ihren Intelligenzgehalt oder ihre Originalität geprüft. Später ist nicht mal mehr der Urheber der Frage bekannt, das macht Mut, auch Ungewöhnliches zu fragen.

Jäger Gracchus

Fragen an den Jäger:
- Gefällt Ihnen Ihr gegenwärtiger Zustand? Sie klagen, scheinen aber nicht unbedingt zu leiden.
- In welcher Beziehung stehen Sie zu Julia, der Frau des Bootsführers: ein Liebesverhältnis?
- Sind Sie wirklich gestorben?
- Warum fliehen Sie eigentlich nicht?
- Wie alt waren Sie bei Ihrem Tod? Und jetzt?
- Sind Sie sichtbar für alle?
- Hassen Sie den Bootsführer, weil er einen „Fehler" gemacht hat?

Fragen an die Frau des Bürgermeisters:
- Was wissen Sie über Jäger Gracchus?
- Sind Sie wirklich wegen der Taube erwacht?
- Hatten Sie Angst vor der Taube?
- Wie verhielt sich Ihr Mann nach der Nachricht der Taube?

Arbeit mit dem Text

Beim Spielen in Variationen geht es darum, eine Szene auf ihre Darstellungs-möglichkeiten und Interpretationsansätze hin zu erforschen, indem man zwei Spieler diese Szene spielen läßt und Spielvorschläge aufgreift, die von der Klasse eingegeben werden. Ich wähle als Beispiel den schon in Übung 8 verwendeten Ausschnitt aus Horváths „Glaube Liebe Hoffnung":

Glaube Liebe Hoffnung

SCHUPO	Welche Richtung gehens denn jetzt?
ELISABETH	Wollens mich gar begleiten?
SCHUPO	Ich hab heut keinen Dienst mehr.
ELISABETH	Ich geh lieber allein.
SCHUPO	Habens die Polizei nicht gern?
ELISABETH	Wieso? (...)
SCHUPO	Sie tun ja direkt, als wärens schon einmal hingerichtet worden.
ELISABETH	Es kümmert sich keiner darum.
SCHUPO	Man darf die Hoffnung nicht sinken lassen.
ELISABETH	Das sind Sprüch.
SCHUPO	Ohne Glaube Liebe Hoffnung gibt es logischerweise kein Leben. Das resultiert alles voneinander.
ELISABETH	Sie haben leicht reden als Staatsbeamter in gesicherter Position.
SCHUPO	Wir müssen doch alle mal sterben.
ELISABETH	Hörens mir auf mit der Liebe.

Die von den Schülern vielleicht mit Hilfe des Spielleiters erarbeiteten Spielvorschlä-ge und -varianten können die äußere Situation näher definieren und verändern:

Spiel in dem hier verstandenen Sinne ist immer experimentell: ein Erproben im Hinblick auf die Textinterpretation

- Elisabeth und der Schupo stehen unschlüssig vor dem Wohlfahrtsamt. Große Verlegenheit: Niemand spricht, niemand bewegt sich, niemand will den ersten Schritt tun.
- Klassische „Anmache": Beide stehen am Tresen einer Bar. Der Schupo macht sich an Elisabeth heran; Elisabeth ist deprimiert, weiß nicht, wie es weiter-geht – und möchte ungestört sein.
- Elisabeth und Schupo sind beide verliebt; sie sitzen auf einer einsamen Parkbank und träumen von der Zukunft.
- Elisabeth ist auf dem Heimweg; der Schupo geht ihr nach, aber Elisabeth will nichts von ihm wissen.
- „Ausweiskontrolle": Der Schupo, ganz Polizeibeamter, pflicht- und ehrbe-wußt, verhört Elisabeth. Die Frage „Wohin gehens denn jetzt?" ist eine rou-tinemäßige Polizistenfrage.

Die Spielvorschläge können auch Spieltempo und Spielstil festlegen:
- hastig (Es ist kalt und regnet, man hat es eilig.)
- quälend langsam, mit großen Pausen (Beide sind verlegen, suchen nach Worten.)

Regie-eingriffe *Subtexte!*

58

– großes gegenseitiges Mißtrauen (Keiner traut dem anderen, man tastet sich vor.)
– beide wollen sich möglichst von der besten Seite zeigen
– den Text in Verbindung mit einer „uneigentlichen" Tätigkeit spielen (Verfremdung).

Bei diesem Spielen in Variationen geht es zunächst gar nicht darum, die Szene möglichst werkgetreu zu spielen, sondern um das experimentelle Arbeiten mit möglichen Sprech- und Handlungsvarianten. Die Arbeitsform kann und soll dialektisch sein, bis in die extremen Gegensätze der Darstellungsvarianten gehen, sämtliche Möglichkeiten einer Figur ausloten.

Auch bei zunächst abwegig wirkenden Vorschlägen kann man zu möglicherweise neuen, überraschenden Einsichten in den Text kommen. Daher ist auch jeder ernstgemeinte Spielvorschlag aufzunehmen, auszuprobieren und anschließend auf seine Plausibilität hin zu diskutieren.

Am Ende freilich muß dann die verbindliche Frage nach der einleuchtendsten Spielvariante stehen. Welcher der erprobten Spielvorschläge entspricht am ehesten der Vorlage Horváths? Wie läßt er sich begründen? Am Text nachweisen?

Ohne diesen für mich unabdingbaren Zusatz bleibt das Spielen in Variationen ein reichlich beliebiges Spielen und ist letztlich fahrlässig, denn es zementiert nur die Meinung, mit einem Text lasse sich eigentlich so ziemlich alles anfangen, solange es nur Spaß macht. Spiel in dem hier vertretenen Sinn ist immer experimentell: ein Erproben im Hinblick auf die Textinterpretation.

Die Textvorlage allerdings ist in allen Spielvariationen absolut und ohne jeden Abstrich verbindlich. Es geht ja nicht um die Frage, wie man einen Text verändern müßte, damit er in die intendierte Spielvariante paßt, sondern um das Erforschen und Erproben von Hintergründen und Nuancen eines gegebenen und bis zum letzten Komma verbindlichen Textes.

Eine Abweichung von dieser Textverbindlichkeit ist jedoch rein trainingshalber und in Ausnahmefällen möglich. Man macht oft die Erfahrung, daß Schüler einen Text auswendig können, ohne sich dabei Rechenschaft zu geben, was eigentlich in dem Text steht. Der Text wird zur Hülse – und das immer mehr, je öfter er gespielt wird. Darum: Ab und zu die Textvorlage weglegen, die Szene frei improvisieren und sich dabei bewußt der eigenen Alltagssprache (evtl. sogar des Dialektes) bedienen.

Das Spielen in Variationen kann zu Beginn oder nach Abschluß einer Lektüre durchgeführt werden. Beides ist sinnvoll. Wenn die Szene ganz am Anfang einer Lektüre steht, wenn also praktisch noch keine Textkenntnis da ist, kann sie die Schüler neugierig machen und den Blick für die Figuren schärfen. Am Schluß gespielt, kann sie Interpretationsanlaß sein und die Möglichkeit eröffnen, eigene Texteinschätzungen einzubringen.

15. „PARTEIENREGIE" Eine Fortsetzung des Spielens in Variationen ist die „Parteienregie", der Versuch, eine Szene gezielt parteiisch zu spielen, d. h. eine ganz bestimmte, vorgefaßte Interpretationsabsicht szenisch umzusetzen und mit einer anderen, viel-

**Erproben heißt:
Suche nach der
verbindlichen Form**

**Spielen mit
Intentionsvorgabe**

leicht diametral entgegengesetzten Interpretationsvariante zu vergleichen. Im Gegensatz zum Spielen in Variationen, bei dem vorgeschlagene Möglichkeiten laufend erprobt und die Interpretationsansätze erst entdeckt werden, geht es hier darum, einen Interpretationsansatz als gegeben anzunehmen und die daraus resultierende Konsequenz für die Darstellungsmittel zu erkunden.

Am folgenden Textausschnitt aus Marieluise Fleißers „Fegefeuer in Ingolstadt" arbeitet die Klasse in zwei getrennten Gruppen – je zwei Spieler, der Rest führt Regie:

Fegefeuer in Ingolstadt

PEPS   Ist es weg?

OLGA   Nein.

PEPS   Warum nicht? Ich habe dir die Adresse gegeben von einer Frau Schnepf.

OLGA   Sie macht es nicht mehr.

PEPS   Du lügst. Du warst gar nicht dort.

OLGA   Drei Finger aufs Herz – ich war dort. Sie hat sich geweigert.

PEPS   Dann mußt du dich dumm angestellt haben.

OLGA   Sie sagt, sie ist deswegen gesessen. Man paßt ihr auf. Sie sagt, soviel Geld haben wir gar nicht, daß sie es macht.

PEPS   Dann mußt du dafür jemand anderen finden. Ich kann dir das Kind nicht lassen.

OLGA   Ich habe Angst.

PEPS   Du mußt es wegbringen. Das ist nicht Besonders. Das haben schon viele getan. Ein Kind kann ich nicht brauchen.

OLGA   Du magst mich nicht mehr.

PEPS   Tu was dagegen, oder du lernst mich kennen.

Durch das ganze Stück hindurch wird nicht klar, ob Olga tatsächlich schwanger ist oder ob sie sich nur damit aufspielt, um ihre Außenseiterposition und die gewollte Stigmatisierung zu verschärfen.

Jede Gruppe bekommt den Auftrag, diese Szene in einer ganz bestimmten Annahme und mit einer abgesprochenen Interpretationsabsicht zu inszenieren:

Annahme I: Olga ist gar nicht schwanger, sie hat ihre Schwangerschaft erfunden und benutzt sie als Druckmittel gegenüber Peps, Roelle, Clementine und allen anderen. Peps dagegen ist der Meinung, Olga sei schwanger – er hat Angst und ist vollkommen verunsichert, was er mit großmauligem, den Erwachsenen abgeschauten Gebaren und mit Grobheit zu kompensieren versucht.

Annahme II: Olga ist tatsächlich schwanger und deswegen verzweifelt. Sie weiß, daß ihre Gesellschaft sie verachtet und ausstößt, wenn das bekannt wird. Peps hingegen zieht sich auf eine autoritäre Machtposition zurück: Er verlangt nicht nur kategorisch diese Abtreibung, sondern überläßt es auch Olga, Mittel und Wege dazu zu finden. Verantwortung spürt er keine, Anteilnahme schon gar nicht, er will einfach nichts zu tun haben damit, vor allem aber keinen Ärger, keine Scherereien.

Parteienregie kann aber auch anders angegangen werden: Nicht die Darstellungsabsicht wird festgelegt, sondern der Ort/der Rahmen, in dem die Szene aufgeführt werden soll.

Annahme III: Eine feministische Gruppe inszeniert die Szene, um gegen eine repressive Doppelmoral im Patriarchat zu protestieren.

Annahme IV: Eine konservativ eingestellte kirchliche Gruppe inszeniert die Szene, um vor den Folgen von freiem Sex unter Jugendlichen zu warnen.

Eine solche Inszenierung darf aber in keinem Fall zur Karikatur verkommen, auch wenn die Versuchung je nach Arrangement durchaus vorhanden ist. Die Spieler müssen dazu angehalten werden, ihre Position als ernst und verbindlich anzusehen und umzusetzen.

16. REIHEN- UND COACHTECHNIK

Unter Reihen- und Coachtechnik verstehe ich, eine Dialogszene in Mehrfachbesetzung simultan zu spielen (wortgetreu) und dabei jedem Spieler einen persönlichen Berater (Coach, Trainer) zur Seite zu stellen. Die Gruppen sollten nach jedem Durchgang neu formiert werden, so daß jeder Spieler bei jedem Durchgang einen anderen Partner hat. Dabei kann die individuelle Text- und Figureneinschätzung zum zentralen Thema gemacht werden, aber auch das Verhältnis Ich/Rolle sowie die Problematik der Interaktionsinterferenzen zwischen Spielebene und Realebene.

Ich wähle einen gekürzten Ausschnitt aus „Emilia Galotti": die erste Begegnung zwischen dem Prinzen und Emilia nach dem Attentat auf den Grafen Appiani:

Emilia Galotti

DER PRINZ Wir suchen Sie überall, schönstes Fräulein. – Sie sind doch wohl? – Der Graf, Ihre Mutter, –
EMILIA Ah, gnädigster Herr! Wo sind sie? Wo ist meine Mutter?
DER PRINZ Nicht weit; hier ganz in der Nähe.
EMILIA Gott, in welchem Zustande werde ich die eine oder den anderen vielleicht treffen; denn Sie verhehlen mir, gnädiger Herr –
DER PRINZ Nicht doch, bestes Fräulein. – Geben Sie mir Ihren Arm, und folgen Sie mir getrost.
EMILIA Aber – wenn ihnen nichts widerfahren – wenn meine Ahnungen mich trügen: – Warum sind sie nicht schon hier?
DER PRINZ So eilen Sie doch, mein Fräulein, alle diese Schreckenbilder mit eines verschwinden zu sehen. –
EMILIA Was soll ich tun?
DER PRINZ Wie, mein Fräulein, sollten Sie einen Verdacht gegen mich hegen? –

EMILIA   Zu Ihren Füßen, gnädiger Herr –
DER PRINZ   Ich bin äußerst beschämt. – Ja, Emilia, ich verdiene diesen stummen Vorwurf. – Mein Betragen diesen Morgen, ist nicht zu rechtfertigen. (III, 5)

Die Klasse wird in zwei gleich große Gruppen aufgeteilt; Spielleiter und Coaches. Die eine Gruppe der Spieler wird wiederum unterteilt in DarstellerInnen der Emilia und DarstellerInnen des Prinzen. In einer Vorbereitungsphase lernen die Spieler ihren Text auswendig, und die Coaches beraten über den Bewußtseinszustand und die emotionale Lage ihrer Figur und sprechen mögliche Spielvarianten ab.

Coaching: Beraten über Bewußtseinszustand und emotionale Lage der Figur

Anschließend fordere ich die Spieler auf, sich so in zwei Reihen aufzustellen bzw. hinzusetzen, daß jeder Emilia ein Prinz gegenübersteht. Die Coaches stellen sich hinter die ihnen zugeordnete Figur. Nach einer kurzen Konzentrationsphase (sich anschauen, den Partner einzuschätzen versuchen, sich auf die Szene einstellen) kann das Spiel losgehen. Alle spielen gleichzeitig diese Szene, die Coaches beobachten. Diese Gleichzeitigkeit wird zunächst als störend empfunden, aber sie ist wichtig, denn sie zwingt die Spieler zu Konzentration und Expressivität, da man sich den anderen Gruppen gegenüber behaupten muß.

Nach dem Durchlauf der Szene findet ein Gespräch zwischen den Spielern und ihren Coaches statt: Wie haben wir die beiden Rollen im Spiel erlebt? Wie haben die beiden Spieler durch ihre Einfälle, durch ihr Verhalten die Szene geprägt? Wo gab es problemlose Verständigung, wo Fehlleistungen, Mißverständnisse, überraschende und neue Einsichten in die Szene, in die Figuren?

Im Anschluß an das Gespräch, dem evtl. eine Wiederholung der Szene folgen kann, stellt sich die Gruppe der Spieler wie zu Beginn auf und alle Prinzendarsteller gehen zusammen mit ihren Coaches um eine Position nach rechts, der unterste schließt oben an. Jede Emilia hat jetzt einen neuen Partner, keinen selbstgewählten, sondern einen zufällig zugeordneten. Das Spiel beginnt von vorn. In der Konzentrationsphase wird jetzt allerdings ein neues Element hinzukommen: Die Spieler haben im ersten Durchgang Erfahrungen gemacht, die sie jetzt einbringen können, und sie haben einen neuen Partner, auf den sie sich einstellen müssen.

Die Reihentechnik wird so lange durchgeführt, bis alle mit allen gespielt haben. Dann können die Coaches auch Vorgaben machen und ähnlich verfahren wie in Arbeitsvorschlag 14: Spielen in Variationen. Eine solche Vorgabe sollte aber in mindestens zwei bis drei Gruppenkombinationen durchgeführt werden, weil sonst die Vergleichsmöglichkeit verlorengeht. Ein Experiment, das zu interessanten Ergebnissen führt, ist, allen Emilias die Anweisung zu geben, in der nächsten Runde überhaupt nicht zu reagieren und kein Wort zu sagen, ohne die Prinzen vor Spielbeginn darüber zu informieren. Wie reagiert der Prinz auf diese Situation einer sprachlosen Emilia?

Im Auswertungsgespräch wird sich das Hauptaugenmerk auf die individuell eingefärbten Interpretationsvarianten der beiden Figuren richten: Welche

Aspekte der Figur hat man im Spiel entdeckt? Wie verhalten sie sich zur gängigen Auffassung und zu hergebrachten Interpretationsmustern? Welche Aspekte der Figur sind zutreffend? Möglich? Störend? Die Auswertung kann sich aber auch auf eine persönliche Reflexion ausdehnen: Wie habe ich das Verhältnis Ich/Emilia erlebt? Welche Aspekte von mir selbst habe ich im Spiel entdeckt? Habe ich meine Emilia gespielt oder mich selbst? Bei Gruppen, die solche Gespräche gewohnt sind, kann man über Interaktionsinterferenzen sprechen: Inwiefern hat das persönliche Verhältnis zwischen Schülerin A und Schüler B die Art der Szene mitgeprägt? Hat die Schülerin A die Szene mit dem Schüler B besser spielen können als mit dem Schüler C? Wo liegen die Ursachen dafür?

Die räumliche Nähe der Spielgruppen, das Simultanspiel und die erfahrungsgemäß sehr engagierten und lebendigen Diskussionen zwischen den Spielern und ihren Coaches sind Faktoren, die bei der Reihentechnik eine gewisse Unruhe aufkommen lassen. Daher muß der Spielleiter unbedingt folgendes beachten:

– nicht mehr als sechs parallele Spielgruppen vorsehen;
– ganz klar zwischen Spielzeit und Redezeit trennen (jedes Diskutieren unterbinden, solange noch eine Gruppe spielt);
– die Raumvorgaben nach den ersten Durchgängen lockern: eventuell vorhandene Stühle wegstellen, die Bedingung eingeben, daß sich die Spieler am Ende einer Szene an einem völlig anderen Ort befinden müssen als zu Beginn.

Auch bei dieser Reihentechnik gilt der gleiche Grundsatz wie in Arbeitsvorschlag 14: Um nicht den Eindruck aufkommen zu lassen, es sei alles erlaubt, sollten die Spieler am Schluß aufgefordert werden, die Variante zu spielen, die ihrer Meinung nach am ehesten der Textvorlage gerecht wird.

17. „STOP-VERFAHREN"

Nora

NORA   Jetzt sollst du deine Briefe lesen, Thorvald.
HELMER Nein, nicht jetzt, heut nacht will ich bei dir bleiben –
NORA   Mit dem Gedanken an den Tod des Freundes?
HELMER Du hast recht. Dies hat uns beide erschüttert. Etwas Unschönes hat sich störend zwischen uns gedrängt – der Gedanke an Tod und Auflösung. Davon müssen wir uns erst freimachen. Inzwischen – suche jeder sein eigenes Lager auf.
NORA   Gute Nacht, Thorvald, gute Nacht.
HELMER Schlaf schön, mein liebes Rotkehlchen. (...) Ich will nur eben noch die Post durchsehen.
(3. Akt; Regieanweisungen weggelassen)

Bewegungen, Gesten, Tempi werden erarbeitet und als Szenenanweisung festgehalten und zum Regiebuch ausgeweitet

Zwei Schüler spielen diesen Text. Die Klasse hat den Auftrag, die beiden, so oft man will, zu unterbrechen und sie nach dem Hot-Chair-Prinzip (vgl. Arbeitsvorschlag 12) auf ihr Verhalten, ihre Gedanken und ihre Reaktionen hin zu befragen; zum Beispiel:

Frage an beide: Wo seid ihr? Sitzt ihr? Steht ihr? Was ist eben vorausgegangen? usw.

NORA   Jetzt sollst du deine Briefe lesen, Thorvald.

Stop! Warum forderst du Thorvald auf, gerade das zu tun, was du am meisten fürchtest? Denkst du, daß Thorvald im Moment versöhnlicher ist als sonst?

HELMER   Nein, nicht jetzt; heut nacht will ich bei dir bleiben.

Stop! Was heißt das? Willst du mit deiner Frau ins Bett? Hat dich die tanzende Nora scharfgemacht? Und hat dich die Nachricht von Ranks Krankheit überhaupt nicht berührt? Was tust du jetzt: Gehst du auf Nora zu, berührst du sie?

NORA   Mit dem Gedanken an den Tod des Freundes?

Stop! Wie reagierst du auf Thorvalds Zärtlichkeiten? Ist die Frage nach dem „Tod des Freundes" wirklich deine Überzeugung? Oder nur ein Vorwand, weil du Thorvald ablehnst? Wenn ja: Warum lehnst du ihn eigentlich ab? Ist er dir körperlich zuwider?

Die beiden Spieler müssen sofort antworten. Ist der Frager nicht zufrieden, hakt er nach. Wenn die Fragen geklärt sind, werden sie zu konkreten Szenenanweisungen umformuliert: Das Wort wird Gebärde, der Gedanke Handlung, die Interaktion wird zur Raumerfahrung.
Eine Gruppe von Schülern protokolliert die Fragen und die Antworten. Ihre Notizen dienen dann als Basis für die Erarbeitung eines Regiebuchs. In die Textvorlage Ibsens werden möglichst detailliert alle so erarbeiteten Szenenanweisungen (Bewegungen, Gänge, Reaktionen, Gesten, Tempi, Pausen usw.) hineinmontiert.

18. ZITATENTEPPICH   Die meisten Schüler lesen ihre Texte mit einem Bleistift in der Hand. Sie streichen an, was ihnen Eindruck macht, was ihnen wichtig scheint, ganz persönlich die einen, bereits mit Blick auf die nächste Deutschstunde die anderen. Es ist immer interessant und ergiebig, die Schüler in kleinen Gruppen ihre Unterstreichungen miteinander vergleichen und gegenseitig begründen zu lassen, denn Unterstreichungen sind Ausdruck und Resultat der individuellen Textrezeption.

Die Schüler werden aufgefordert, den Text durchzublättern, eine unterstrichene Textpassage zu suchen, die ihnen ganz besonders wichtig ist, und diese auswendig zu lernen. Sie suchen sich einen Platz im Raum und nehmen eine Position (liegend, stehend, abgewandt usw.) ein, die dem Inhalt des Zitats in gewisser Weise entspricht.

Lenz Ein Schüler, vielleicht auch der Spielleiter, unternimmt als Lenz eine Wanderung durch den Klassenraum. Die Schüler konzentrieren sich auf diesen wandernden Lenz und sprechen ihr Zitat immer dann, wenn Lenz in ihrer Nähe ist oder sie gar berührt.

- „Er suchte nach etwas wie nach verlorenen Träumen, aber er fand nichts."
- „Aber nur solange das Licht im Thale lag, war es ihm erträglich; gegen Abend befiel ihn eine sonderbare Angst, er hätte der Sonne nachlaufen mögen."
- „Der Schmerz erschütterte ihn, das All war für ihn in Wunden."
- „Die Welt war ihm helle gewesen, und an sich ein Regen und Wimmeln nach einem Abgrund, zu dem ihn eine unerbittliche Gewalt hinriß."

Die Zitate sind Ausdruck individueller Texteinschätzung und bringen zum Ausdruck, was persönlich Eindruck gemacht hat

Der Darsteller des Lenz kann diese Zitate einfach zur Kenntnis nehmen oder darauf reagieren: den Sprecher zum Schweigen bringen, weil er das Zitat nicht mehr hören kann/will – oder flüchten, was vielleicht – wegen seiner Bewegung – eine ganze Reihe von weiteren Zitaten auslöst.

Wie die Spieler ihr Zitat sprechen (flüsternd, normal, brüllend, aggressiv, apathisch, angsterfüllt usw.) und ob sie sich im Moment des Sprechens bewegen oder nicht (aufstehen, aggressiv auf Lenz zugehen, sich von ihm abwenden usw.), bleibt ganz den einzelnen überlassen: Wichtig ist einzig, daß die Zitate für einen Zuschauer verständlich sind.

Der wandernde Lenz kann durch seine Gangart die Abfolge und das Tempo der Zitate beeinflussen und so gleichsam zum Textjockey werden.

Zu einer eigentlichen Inszenierung, bei der der Text zu einer Art Partitur wird, kann es werden, wenn zwei oder drei Lenz-Figuren gleichzeitig auf Wanderschaft sind. So sind meist mehrere Stimmen gleichzeitig zu hören, was auch dem inneren Zustand von Lenz entspricht. Das kann zu einem umfangreichen Zitatenteppich führen, der dann eine sehr brauchbare Grundlage für die Textinterpretation sein kann. Denn die Zitate sind ja, wie eingangs erwähnt, Ausdruck der individuellen Texteinschätzung, und sie bringen das zum Audruck, was den Schülern persönlich Eindruck gemacht und sie beschäftigt hat.

19. SPRACHVARIATIONEN Texte durch Paraphrasierungen zu entschlüsseln und somit eine Basis für die Interpretation zu erarbeiten ist eine bekannte und oft erprobte Möglichkeit des Umgangs mit Texten. Eine solche Paraphrasierung kann durchaus auch szenisch erfolgen.

Szenische Umsetzung von Textparaphrasen

Vor dem Gesetz Die Spieler sind mit Kafkas „Vor dem Gesetz" konfrontiert worden (vgl. Exkurs weiter unten). Sie legen den Text beiseite und erfinden Türhüter-Sätze – Sätze, die zwar nicht im Text stehen, aber durchaus vom Türhüter stammen könnten. Diese Texte sollen die Rolle, die (eingebildete oder tatsächliche) Machtposition des Türhüters, seine Einstellung zum Mann vom Lande, die Auffassung seiner Tätigkeit usw. zum Ausdruck bringen. Insofern sind sie Paraphrasen der im Text stehenden Sätze.

Stanislawski!

65

Die Schüler stellen sich irgendwo im Raum auf einen Stuhl und nehmen die Pose des Türhüters ein. Sie stehen vor einem imaginären Gesetz, das sie zu bewachen vorgeben.

Der Spielleiter übernimmt die Rolle des Mannes vom Lande: Er kommt, stellt sich wortlos, aber in demütiger Haltung vor einen der Türhüter. Dieser spricht ihn an, was der Mann vom Lande wie eine Ohrfeige empfindet; er taumelt zurück und geht zum nächsten Türhüter. Beispiele aus der praktischen Arbeit mit Schülern:

- „Geh! Deine Zeit ist noch nicht da."
- „Das ist eine scheinbare Türe."
- „Es liegt an dir, aber so kommst du nicht herein."
- „Hier hast du noch nichts zu suchen."
- „Verschwinde! Diese Tür ist verriegelt."
- „Heute Ruhetag."
- „Deine Lage ist aussichtslos."
- „Was willst du eigentlich? Du bist doch schon drin."

Die Gangart des Mannes ändert sich im Verlauf des Spiels: Sie wird reflexartig und automatenhaft oder immer aufgeregter und schneller (der Mann gerät in Panik); oder er wird müde und älter, schwerfälliger: Sein Gang zum Gesetz dauert ja ein ganzes Leben.

Exkurs:
Ich habe an anderer Stelle (vgl. Spinner 1995, Seite 55 ff.) eine Möglichkeit beschrieben, wie man diesen Text von Kafka einführen könnte: Die Schüler bekommen eine Grafik von M. C. Escher (vgl. Abbildung Seite 67) und betrachten sie, während Musik, z. B. eine Fuge von Bach, eingespielt wird. Dann notieren sie ihre Assoziationen dazu: Perspektivlosigkeit, Sinnlosigkeit, Leerlauf, Roboter, Irrenhaus, Tretmühle, Anonymität, Geheimnis. Im Anschluß daran sollen sie versuchen, eine dieser Assoziationen pantomimisch darzustellen, während die Musik wieder eingespielt wird. Von Zeit zu Zeit unterbreche ich die Musik, die Pantomime erstarrt zum Standbild. In diese Pausen hinein lese ich den Text „Vor dem Gesetz" vor, portionsweise. Dieses Vorgehen ist suggestiv, ich gebe das zu und stehe auch dazu, aber es ist sowohl inhaltlich wie auch didaktisch vertretbar.

20. LANDSCHAFT DER FRAGEN

Der folgende Arbeitsvorschlag ist nicht eigentlich eine Spielform, auch nicht zwingend mit dem szenischen Verfahren verknüpft, obwohl gut damit kombinierbar.

Nach Abschluß der Lektüre, aber vor jeder unterrichtlichen Auseinandersetzung mit dem Text, ob szenisch oder rein diskursiv, werden die Schüler aufgefordert, eine für sie ganz wichtige Frage zum Text auf einem Zettel zu notieren. Diese Frage soll – der Hinweis muß unbedingt gegeben werden – nicht zu all-

Texte erschließen sich nur dem, der die richtigen Fragen zu stellen weiß

gemein sein („Was bedeutet dieser Text?"), sich aber auch nicht im Stil einer Quizfrage auf ein banales Detail beschränken, sondern direkt auf die Interpretation zusteuern. Den Schülern muß (wie den Lehrkräften ja auch) bewußt sein: Texte erschließen sich nur dem, der die richtigen Fragen zu stellen weiß. Beispiele aus der Arbeit mit einer Klasse zu Kafkas „Ein Landarzt":

Ein Landarzt

- Landarzt, Knecht, Knabe, Rosa = letztlich eine Person? (verschiedene Aspekte einer Person)
- Liebt der Landarzt Rosa? Hat er Angst vor ihr?

- Wo steht die Dorfgemeinschaft?
- Wie verbindet sich das Sexuelle mit den Jenseitsfragen?
- Seit wann ist die Wunde da?
- Wissen die Eltern, daß der Knabe diese Wunde hat?
- Falls der Junge die Wunde tatsächlich schon immer hat: Warum ist das Ganze dennoch ein „Notfall"?
- Ich = Landarzt? An welchen Adressaten wendet sich eigentlich dieser Text?

Die Zettel mit den Fragen werden im Klassenraum aufgehängt und bleiben dort als Material während der gesamten Arbeitsphase am Text. Den Schülern muß man immer wieder Zeit geben, in dieser Landschaft der Fragen zu spazieren und in kleinen Gruppen Mutmaßungen über die Fragen anzustellen, bestehende Fragen differenzierter zu formulieren, neue Fragen zu stellen, evtl. einzelne Zettel in die entsprechend gekennzeichnete Zone der geklärten Fragen umzuhängen.

Es geht auch so – und dies kann eine Nagelprobe für die Qualität der Auseinandersetzung mit dem Text sein: Die Schüler verstecken ihre Zettel irgendwo im Raum und holen sie erst nach Abschluß der Arbeit wieder hervor. Jetzt wird deutlich, was beantwortet worden und wo die Arbeit an den eigentlichen Fragen möglicherweise vorbeigegangen ist.

Wie gesagt: Diese Methode ist nicht zwingend mit dem szenischen Verfahren verbunden, aber sie macht die Arbeit verbindlicher und kann außerdem ein guter Test sein für die Ergebnisse des szenischen Arbeitens. Es macht deutlich, bis zu welchem Maße das szenische Verfahren tatsächlich ein Interpretationsverfahren sein kann. Und es kann Auskunft darüber geben, ob das szenische Verfahren möglicherweise die besseren Antworten bringt oder ob es lediglich einen Umweg darstellt, in dem das Verhältnis Aufwand und Ertrag aus dem Gleichgewicht geraten ist.

Dieses Verfahren ist bewußt an einem Text von Kafka dargelegt worden. Kaum ein Autor ist so rätselhaft, und kaum einer macht uns so interpretationssüchtig. Daher gilt bei Kafka als einzig verläßliches Mittel gegen das Abschweifen in die Spekulation: genau lesen – Fragen stellen – noch genauer lesen – neue Fragen stellen ...

21. AUSLASSUNGEN

Schiller hat einmal gesagt, die Zäsur sei das gestaltgebende Element im Drama. Recht hat er, denn das, was in einem Text ausgelassen, übersprungen wird und was wir als Leser oder Theaterbesucher kombinieren oder nach eigenen Vorstellungen füllen müssen, ist ganz wesentlich an der Entstehung dessen beteiligt, was wir als Spannung bezeichnen. Von daher gesehen sind diese Auslassungen konstituierend und haben ihren Sinn.

Dennoch – es ist nicht unzulässig und führt auch nicht zu einer Banalisierung, diese Auslassungen, falls sie etwas Neues erschließen, mit szenischen Improvisationen zu füllen, um Handlungszusammenhänge und Verhaltensweisen zu klären, das Textverständnis zu vertiefen und um Raum zu geben für Phantasie und Gestaltungsmöglichkeiten. Wo sich allerdings solche Auslassungen schnell erschließen, weil eigentlich schon alles klar ist, bringt dies nicht viel, das Spiel wird trivial.

Zäsuren füllen, Nebenszenen erfinden

Emilia Galotti

Der zweite Aufzug schließt damit, daß Appiani das Angebot, als Botschafter des Prinzen zum Herzog von Massa zu reisen, ausschlägt, worauf es zu einem Streit zwischen Appiani und Marinelli kommt, an dessen Ende die Forderung zum Duell steht. Der dritte Aufzug beginnt mit dem Satz Marinellis zum Prinzen „Umsonst, er schlug die angetragene Ehre mit der größten Verachtung aus."

Das ist ein absolut logischer, nahtloser Übergang: Mit seinem Text knüpft Marinelli unmittelbar an das Vorangegangene an. Er erstattet Bericht, resümiert und interpretiert in seinem Sinne. Allerdings: Zwischen dem letzten Satz des zweiten Aufzugs und dem ersten Satz des dritten sind Stunden vergangen: Der Prinz ist nach Dosalo gefahren, Marinelli ihm nach. Emilia, ihre Eltern und Appiani haben sich zur Hochzeit fertiggemacht und sind auf ihrem Weg nach Sabbionetta in der Nähe von Dosalo. Und während Marinelli diesen Satz spricht, warten die Attentäter im Hinterhalt. Was ist in der Zwischenzeit geschehen?

– Ein (kurzer!) innerer Monolog Marinellis könnte Auskunft darüber geben, mit welcher agilen Gedankenakrobatik er dazu kommt, das Resultat des Gesprächs mit Appiani so völlig anders darzustellen, und wie er es schafft, sich vom Feigling zum selbstlosen Bodyguard des Prinzen hochzustilisieren.
– Ein Gespräch zwischen Emilia und Appiani könnte Klarheit darüber geben, ob Emilia etwas von Appianis Streit mit Marinelli erfährt. Ist tatsächlich anzunehmen, daß die beiden nicht darüber sprechen?
– Wie könnte ein innerer Monolog von Claudia aussehen, die immerhin zwei Dinge weiß: daß der Prinz die Tochter angesprochen hat (was Appiani nicht weiß) – und daß sich Appiani und Marinelli gestritten haben (was vermutlich die Tochter nicht weiß). Da beginnt Claudia vielleicht zu kombinieren.
– Kommt es zu einem Treffen zwischen Marinelli und Angelo, an dem die

Ein selbstverfaßter innerer Monolog gibt Auskunft über mögliche Beweggründe von Figuren

Modalitäten des Attentats nochmals festgelegt werden? Wie schafft es Marinelli, sich von jedem Verdacht freizuhalten?
- Was tut der Prinz in dieser Zeit? Was die Gräfin Orsina?

Glaube Liebe Hoffnung Im ersten Bild (Szene 7) lädt der Präparator Elisabeth zu sich nach Hause ein: „Also dann kommens halt mal zu mir, Sie Fräulein Inspektor." – Dieser Handlungsstrang wird im zweiten Bild (Szene 3) wieder aufgegriffen: Der Präparator kommt voller Zorn ins Kontor von Irene Prantl und beschimpft Elisabeth, sie habe sein Vertrauen mißbraucht und ihm sein „gutes bares Geld" aus der Tasche gelockt. Zwischen diesen beiden Momenten liegt der Besuch Elisabeths beim Präparator. Diese Begegnung zu inszenieren kann eine sinnvolle Aufgabe sein, denn sie sagt womöglich einiges aus über das Verhalten und die Einstellung der beiden Figuren: über das perfide, aber sich väterlich gebende Verhalten des Präparators und über die Notlage Elisabeths, die mit dieser Begegnung nur noch schlimmer wird.

Vor dem Gesetz Zwar verweigert uns Kafka die Auskunft darüber, was denn das Gesetz sei, vor dem der Mann vom Lande ein Leben lang wartet und in das er nicht hineinkommt. Es soll offenbar auch uns, den Lesern, verborgen bleiben, was dieses Gesetz denn ist. Dennoch – kein Leser, der nicht die Frage nach dem Gesetz stellt, und keine Literaturstunde zu diesem Text, in der nicht die Frage nach dem Gesetz erörtert wird. Warum also nicht auch im szenischen Spiel dieses rätselhafte Gesetz erkunden?

Grundlegende Fragen an den Text können Teil des Spiels werden

Im Klassenzimmer steht eine schwarz verhüllte Stellwand, dahinter wird das Gesetz angenommen. Die Schüler werden aufgefordert, den Türhüter in sich zur Seite zu schieben, für einen Moment hinter diese Wand, also in das Gesetz zu gehen und anschließend zu sagen, was sie dort gesehen haben. Beispiele aus der Arbeit mit Studenten:

- So helft mir doch; ich verstehe diese Sprache nicht.
- Ich komme wieder.
- Ich habe vergessen zu leben.
- Ah, jetzt weiß ich es.
- So einfach ist das!
- Alles ist erlaubt!
- Hat sich nicht gelohnt.
- Lauter alte Männer!
- Diese Erkenntnis belastet mich.
- Das bin ja ich!
- Nichts! Rein gar nichts!
- He? (Ratlosigkeit)
- So viele Bücher!
- Und wo ist Gott?

Es gibt hier nicht „Richtig" oder „Falsch". Um das zu entscheiden, müßte ich ja wissen, was das Gesetz ist. Eine Antwort auf die Frage nach dem Gesetz kann das szenische Spiel zwar auch nicht bringen, aber es bringt etwas, was eine normale Diskussion in dieser Form kaum bringen kann.

Was an diesen Sätzen erstaunt, ist die Vielzahl der verschiedenen Einschätzungen: Das Gesetz ist Lebenssinn, Selbsterkenntnis, es führt zu Nihilismus, plötzlicher Einsicht, Ratlosigkeit. Eine im normalen Unterricht gestellte Frage würde kaum zu einem derart breiten und vielschichtigen Angebot führen. Wenn man im Unterricht nach dem Gesetz fragt, ist Deutung angesagt, und da will jeder originell und tiefsinnig sein, lieber nichts sagen als etwas Ungeschicktes. Diese Barriere fällt beim szenischen Verfahren weg.

Und weil hier die individuelle Texteinschätzung voll zum Tragen kommt, sind wir auch Kafka gerecht geworden. Denn jeder Mann vom Lande hat seine Tür zum Gesetz; es ist ja eigentlich nur eine Frage des persönlichen Muts, ob er es schafft, hineinzukommen.

22. ERWEITERUNG DES FIGURENANGEBOTS

Fegefeuer in Ingolstadt

Wenn neue Figuren in einen Text eingeführt oder Nebenfiguren größere Bedeutung erlangen, so kommen automatisch neue Handlungsmomente, andere Interaktionsformen und eventuell neue Perspektiven ins Spiel. Mit neuen Figuren können Handlungen aus einer anderen Sicht betrachtet und somit auch überprüft werden.

In Marieluise Fleißers „Fegefeuer in Ingolstadt" fällt auf, daß die Figuren, alles Jugendliche irgendwo zwischen 14 und 18, auf eine sonderbare Weise uneigentlich reden und uneigentlich denken: Sie reden in Sprachhülsen und Zitaten und denken in Formeln, Klischees und eingepaukten Katechismussätzen. Sie haben – unkritisch und unreflektiert – das Handeln und Denken der Erwachsenen übernommen.

Die großen Abwesenden in diesem Stück sind aber gerade diese Erwachsenen, wenn man von den ganz wenigen und sehr kurzen Auftritten von Berotter und Frau Roelle einmal absieht: Eltern, Lehrer, Geistliche, Öffentlichkeit. Sie haben die Jugendlichen weitgehend zu dem gemacht, was sie sind, und lassen sie jetzt allein in ihrem Biotop von lauter Unverdautem.

Die Schüler sollen Szenen über Improvisation entwickeln, in denen eine Gruppe von Erwachsenen ein Geschehen des Stücks kommentiert oder auch in die Handlung eingreift. Ansatzpunkte dazu gibt es sehr viele:

- In der Schule findet eine Lehrerversammlung statt, in dem über Roelles „Engelsvisionen" und über seinen weiteren Verbleib an der Schule diskutiert wird.
- Zwei Nonnen (Lehrerinnen an Olgas früherer Klosterschule) haben von Olgas Schwangerschaft gehört.
- Berotter und Frau Seitz sprechen über das Verhältnis Olgas zu Clementine oder über Olgas Selbstmordversuch.

71

Die folgenden Leitfragen können für die Beurteilung dieser szenischen Improvisation als Meßlatte dienen:

– Machen diese Szenen deutlich, daß die Jugendlichen das Denken, Sprechen und Handeln der Erwachsenen im Originalmaßstab übernommen haben?
– Sind die Erwachsenen zu einem kritischen Urteil fähig – oder verurteilen sie einfach und ohne es zu bemerken, was eigentlich ihr Werk ist?
– Mit welchem Verhalten und mit welchen Maßnahmen reagieren die Erwachsenen auf diese Vorfälle?

23. KREISIMPROVISATION   Die Kreisimprovisation ist in den Vorbereitungsformen (vgl. Kapitel II, Übung 13)   **Interaktionstechnik**
ausführlich beschrieben worden. Hier genügt der Hinweis darauf, daß man diese Improvisationsform sehr gut mit literarischen Texten durchführen kann. Figuren, die im Text tatsächlich vorkommen, aber auch erfundene, treffen unvorbereitet aufeinander. Reale und zufällige Begegnungen finden statt. Die eine Figur (A) spricht die andere (B) an, und diese muß sofort darauf reagieren und mitspielen. In einem zweiten Durchgang wird nach alternativen Verhaltensformen gesucht. Es muß lediglich definiert werden, ob diese Begegnung zu einem bestimmten Handlungszeitpunkt erfolgt oder ob sie eher genereller Natur ist. Wichtig ist aber auf jeden Fall, daß die Figuren keine Ausweichmöglichkeit haben, die Begegnung muß stattfinden.

Nora
– Mit definiertem Zeitpunkt: Nora merkt, unmittelbar nach ihrem Weggang (Schluß des Stücks), daß sie ihre Handtasche vergessen hat; sie muß zurück und trifft nochmals auf Thorvald.
– Ohne definierten Zeitpunkt: Nora trifft auf Dr. Rank. Oder: Thorvald trifft auf Krogstadt.
– Als eigentliches Figurenstudium: Nora trifft auf ihr „alter ego", d. h. die Nora, so wie Schülerin A sie sieht, trifft auf die Nora der Schülerin B. Diese Begegnung im Innern der Figur kann zu einer spannenden Diskussion über die verschiedenen Gesichter einer Figur führen. Als weitere szenische Möglichkeit kann man in diesem Zusammenhang die Komponentenanalyse (vgl. Arbeitsvorschlag 11) wieder aufgreifen und mit der Kreisimprovisation kombinieren.

24. DENKMAL-
IMPROVISATION   Zwei Gruppen (je fünf Spieler, einige Berater) haben die Aufgabe, völlig unabhängig voneinander (nach Möglichkeit sogar in getrennten Räumen) zu Kafkas „Ein Landarzt" je ein Denkmal (Standbild) zu stellen, und zwar mit übereinstimmendem Figurenangebot: Landarzt, Rosa, Pferdeknecht, kranker Junge, Schwester. Dieses Denkmal soll einen spannenden, hochdramatischen Moment zeigen. Da alle diese Figuren gleichzeitig vorkommen müssen, kann kein bestimmter Erzählmoment als Vorlage genommen werden; die Gruppen müssen für ihre Arbeit die konkrete Erzählebene verlassen und auf einer Metaebene ansetzen.

Ein Landarzt

Wenn die Gruppen fertig sind (evtl. Ergebnisse mit Polaroidkamera festhalten), führen sie sich gegenseitig ihre Denkmäler vor.

Damit man eine gewisse Sicherheit hat, daß die beiden Gruppen wirklich unterschiedliche Denkmäler bauen, kann der Spielleiter jeder Gruppe ein spe-

zielles Thema geben. Noch besser geht es allerdings, weil keine thematische Vorgabe damit verbunden ist, mit dem folgenden System:

In der einen Gruppe steht der Landarzt im Zentrum; er wird von Rosa in eine bestimmte Haltung hineingeformt, dann modelliert der Pferdeknecht die Rosa dazu, der Knabe den Pferdeknecht, die Schwester den Knaben und integriert sich selber noch ins Bild. In der anderen Gruppe wird die Hierarchie umgedreht, und der Junge steht im Zentrum. Junge —> Schwester —> Rosa —> Pferdeknecht —> Landarzt. Eine weitere Art der Denkmalbildung ist im Museumsspiel (vgl. Arbeitsvorschlag 2) angedeutet.

Die Gruppen müssen die konkrete Erzählebene verlassen und auf einer Metaebene ansetzen

Die eigentliche Denkmalimprovisation besteht nun für jede Gruppe darin, das Denkmal der jeweils anderen Gruppe bis ins kleinste Detail ganz exakt nachzubilden und dieses als Ausgangspunkt für eine Szene zu nehmen, an deren Ende dann das jeweils eigene Denkmal zu stehen hat.

Es soll dabei wirklich eine Szene (Handlung) entwickelt werden und nicht nur eine slow-motion-ähnliche Veränderung der Haltung. Das heißt: Die zu entwickelnde Szene muß einen Inhalt haben, eine Aussage, sie muß in sich logisch sein und etwas bedeuten.

Die Arbeit erfolgt zunächst rein pantomimisch. Dadurch wird der sinnliche, der schauspielerische Aspekt der Arbeit betont. Handlungen, Gebärden, Bewegungsabläufe stehen im Vordergrund. Gleichzeitig beginnt aber schon jetzt die Diskussion, denn wenn es darum geht, einen einigermaßen sinnvollen und logischen Übergang zwischen den beiden Bildern zu finden, stellen sich Fragen nach Dramaturgie, nach inhaltlichen Aspekten (und damit auch der Interpretation) ganz automatisch ein.

Damit die Szene Form bekommt, wird sie in ihrem Umfang, d. h. in der Länge genau definiert: ein Musikstück mit einem klaren Ablauf oder eine vereinbarte Anzahl von „Takten", die mit einem Schlaginstrument markiert werden.

Wenn nach mehreren Durchgängen und entsprechender Diskussion der Ablauf geklärt und festgelegt ist, kann die Gruppe dazu übergehen, auch Text einzugeben. Das kann ein eigener Text sein oder eine Zitatencollage, die von den Spielern selbst oder im Off (unsichtbar bleibend) gesprochen werden kann.

Wenn die Klassengröße es verlangt, können auch drei Gruppen gebildet werden. Die Aufgabe wird dann entsprechend komplex. Jede Gruppe startet von einem Denkmal zu einem zweiten, das als Peripetie definiert werden kann, und von da zum dritten, das den Schluß ihrer Szene darstellt.

Der arme Heinrich

Denkmalimprovisationen können auch auf der ganz konkreten Erzählebene angesiedelt werden und Deutungsansätze anbieten. Zwei Schülergruppen stellen, wiederum völlig unabhängig voneinander, ein Denkmal zu einer ganz bestimmten Stelle aus Hartmann von Aues „Der Arme Heinrich". Ritter Heinrich hat die Vorbereitung zur Opferung des Mädchens durch einen Spalt in der Wand beobachtet, jetzt interveniert er („er gewan einen niuwen muot") und verbietet dem Arzt, das Mädchen zu töten; das Mädchen ist entsetzt, weil sie das Himmelreich verloren glaubt.

Denkmalimprovisationen auf konkreter Erzählebene

Die Haltung der Figuren in genau diesem Moment (Vers 1280 ff.), ihre im Denkmal zum Ausdruck gebrachte gegenseitige Beziehung, die Übergänge von einem Denkmal zum anderen und die hinter diesen Haltungen und Abläufen erkennbaren Interpretationsansätze können Thema für eine nachfolgende Diskussion sein.

25. GEISTERSTUNDE

Medea

Start für die Geisterstunde kann das Museumsspiel sein (vgl. Kapitel II, Übung 8 und Kapitel III, Arbeitsvorschlag 2). Sämtliche Figuren aus der „Medea" sind mindestens einmal (Medea und Jason eventuell auch zweimal) vertreten, als Gruppe von etwa vier bis fünf Schülerinnen auch der Chor der Frauen. Sie stellen sich auf, wie es im Museumsspiel beschrieben ist, die Zuschauer haben die Möglichkeit zur Intervention: Wenn ihnen eine Figur von der Haltung her nicht paßt, dürfen sie eingreifen und die Figur verändern. Gleichzeitig diskutiert die Gruppe der Zuschauer mögliche Handlungsanweisungen für die Museumsgestalten und flüstert sie ihnen ein (vgl. Stichwortimprovisation, Kapitel II, Übung 12).

Auch hier gilt, daß die eingeflüsterte Handlungsanweisung nur der entsprechenden Figur bekannt sein darf, nicht aber den anderen Mitwirkenden, und sie soll experimentellen Charakter haben, im Dienst der Auseinandersetzung mit Figur und Inhalt stehen. Auch wenn dieser Arbeitsvorschlag Geisterstunde heißt, ist bloßer Klamauk zu unterlassen.

Wenn die Vorbereitungsarbeiten abgeschlossen sind und alle Figuren ihre Handlungsanweisung bekommen haben, manchmal vielleicht mehr als eine, gibt der Spielleiter das Zeichen für den Beginn der Improvisation: Die Figuren erwachen auf dieses Zeichen aus ihrem Jahrhundertschlaf und werden lebendig, nehmen den Raum um sich und auch die anderen Gestalten wahr. Sie gehen auf sie zu oder wenden sich von ihnen ab. Auf der Spielfläche entsteht somit so etwas wie ein szenisches Psychogramm der Figuren und ihrer Interaktion.

Dann kann die erste Handlungsanweisung realisiert werden; das braucht nicht abgesprochen zu sein, irgend jemand beginnt, die anderen spielen sofort mit, gehen auf die laufende Aktion ein – und bringen ihre eigene Aktion erst dann, wenn sie damit niemandem Konkurrenz machen.

Den Spielern muß man immer wieder bewußtmachen, daß dieses Mitspielen in den Aktionen der anderen im Grunde viel wichtiger als das Präsentieren der eigenen Aktion ist. Da testet man nämlich die eigene Figur in neuen, unvorbereiteten Situationen, da lernt man die Figur genau kennen und entdeckt möglicherweise auch völlig unbekannte Dimensionen. Ganz abgesehen davon ist dies auch ein Training in szenischer Solidarität: mitspielen und unterstützen, wenn andere ihre Aktion starten. Nichts ist schlimmer für einen Spieler, als wenn er eine Initiative ergreift und niemand darauf eingeht.

Um die räumlich nicht näher definierte Geisterstunde konkreter zu machen und den Spielern einen Hintergrund, eine Landschaft, zu geben, kann man diesen Arbeitsvorschlag mit der Raumgeographie (vgl. Arbeitsvorschlag 6) verknüpfen: vor dem Palast Kreons, in den jeweiligen privaten Gemächern (Medeas, Glaukes usw.), an einem imaginären Ort der Vergangenheit.

Der Spielleiter protokolliert den Ablauf. Dies ist dann die Basis für eine anschließende Diskussion und für eine bereinigte zweite, vielleicht auch dritte Fassung. Bei einer solchen Bereinigung gilt: die ganze Geisterstunde kürzen, alles weglassen, was nichts beiträgt und keine neuen Aspekte aufzeigt, nur das Beste behalten, dieses aber ausbauen.

26. FIGUREN TRÄUMEN (I)

In der Literatur (Drama und Prosa) kommt es relativ häufig vor, daß Figuren träumen oder von ihren Träumen, auch Alpträumen, Tagträumen, Wunschträumen erzählen. Das ist so etwas wie eine innerfigürliche Teichoskopie, die dem Autor die Möglichkeit gibt, Aspekte einzubeziehen, die in einem normalen Dialog oder in einer normalen Handlungssequenz keinen Platz finden. Träume offenbaren einen Blick in das Innere der Figur, in ihre Phantasie, ihre Wünsche, Ängste, Frustrationen und Utopien.

Für das szenische Spiel sind die Träume eine willkommene Möglichkeit, aus der vorformulierten, reinen Dialog- und Konversationssituation der Textvorlage auszubrechen, diskursive Abläufe durch Bilder anzureichern, Vorstellungen sinnlich umzusetzen und auf diese Weise gleichsam das Innenleben der Figuren zu inszenieren, ihre Innenausstattung in Bilder umzusetzen. Das schafft Räume für die Phantasie und die Imagination, das schafft aber auch neue Interpretationsansätze.

Emilia Galotti

In der „Emilia Galotti" wird von mehreren Personen geträumt: Emilia träumt wiederholt vom Schmuck, den ihr Appiani geschenkt hat, was sie zu bösen Vorahnungen bringt („Perlen bedeuten Tränen." – II, 7). Orsina träumt davon, wie sie zusammen mit anderen verlassenen Geliebten dem Prinzen in einer Art Ritualmord das Herz aus dem Leibe reißt: „Das Herz, das er einer jeden versprochen, aber keiner gegeben hat." (IV, 7) Odoardo schließlich träumt davon, wie die Vision der toten Emilia und des toten Appiani dem Prinzen die Lust zur teuflischen Qual machen soll (V, 2).

Alle diese Träume können inszeniert werden: als Pantomime (Tanz) zu einer improvisierten Musikbegleitung, als Schattenspiel, als gesprochene Szene mit eigenem Text, als Versuch eines Videofilms (wo Traumhaftes technisch gut umgesetzt werden kann). Oder auch unter Verwendung von Requisiten, wie das schon im Arbeitsvorschlag 7 (Monolog mit Requisit) angeregt worden ist.

Zum Beispiel Orsinas Traum: Eine Gruppe von Schülerinnen bekommt die Aufgabe, sich in die Rolle (Biographie) einer vom Prinzen verlassenen Geliebten hineinzudenken, d. h. Nebenfiguren zu Orsina und Emilia zu entwickeln, deren Schicksal zu multiplizieren und gleichzeitig zu differenzieren und deren aktuelle Gefühle zu erkunden: Rachsucht? Haß? Trauer? Melancholie? Ungestillte Sehnsucht?

Sie sitzen in einem weiten Kreis um den schlafenden Prinzen, der vielleicht von einigen Marinellis umgeben ist. Sie lösen sich aus ihrer singulären Position und gehen, von einem der Marinellis geführt oder aufgehalten, zum Prinzen. Die Gefühle werden von den einzelnen artikuliert, die Figuren schließen sich aber mehr und mehr zu einer homogenen Gruppe zusammen, die Szene steigert sich, wird wilder und gipfelt in einer Art von kollektivem Ritualmord am Prinzen. Wer dafür eine konkrete Anleitung im Sinne einer choreographischen Skizze braucht: Auf den letzten Seiten von Patrick Süskinds „Parfüm" wird die rituelle Opferung von Grenouilles geschildert – ein Ablauf, der sich ohne weiteres auf den Traum der Gräfin Orsina übertragen läßt.

27. FIGUREN TRAÜMEN (II)

Als Erweiterung zu Arbeitsvorschlag 26 rege ich an, als Interpretationsansatz Träume auch zu erfinden.

Lenz

Beispiel „Lenz": Gegen Ende einer Reihe von szenischen Versuchen und immer wieder eingeflochtenen Reflexionen, zu einem Zeitpunkt also, da man schon einiges am Text erprobt und erfahren hat, bitte ich die Schüler, sich die Hauptfigur oder auch eine andere Figur nochmals genau zu vergegenwärtigen und sich einen möglichen Traum der Figur auszudenken oder in der freien Improvisation – evtl. verbunden mit der Gefühlsgeographie (vgl. Arbeitsvorschlag 6) – zu entwickeln und anschließend aufzuschreiben.

Es ist wichtig, daß dieser Arbeitsvorschlag erst gegen Ende einer Textbehandlung realisiert wird. Erfolgt er zu früh, sind die Träume beliebige Phantasieprodukte.

Die Träume werden gesammelt, vielleicht anonym, und gesichtet, diskutiert und auf ihre Brauchbarkeit hin ausgewertet. Brauchbar sind die Träume, die eindeutig vom Text ausgehen und eine neue Dimension einbringen. Die unter dramaturgischen Gesichtspunkten geeignetsten werden gemeinsam inszeniert. Beispiel eines Lenz-Traums, aufgeschrieben von einer Schülerin:

> „Ich bin in einem Sumpf. Kahle, weiße Baumstrünke, wie Skelette fast, sonst nur Grasbüschel und dieser lauernde Sumpf. Wenn ich nur wüßte, in welche Richtung ich laufen soll, welche lohnt. Aber raus hier muß ich doch. Die Stille beginnt zu dröhnen, Gestalten, Umrisse in der Ferne. Wenn ich mich zu einer hindrehe, verschwindet sie. Dann irgendwo Licht. Ich suche nach einem Weg über die Grasbüschel, voller Angst. Aber das Licht ... es kommt nicht näher. Die Abstände zwischen den Grasbüscheln werden größer, größer, größer."

Dieser Traum, der Textkenntnis und persönliche Auseinandersetzung belegt, kann gut inszeniert werden: Ein Schüler markiert den Lenz, der von Grasbüschel zu Grasbüschel springt und die Baumskelette zu erreichen versucht. Diese Baumskelette, dargestellt von einer ganzen Gruppe, können auch Zitatträger sein (vgl. dazu Arbeitsvorschlag 18).

Erfahrungsgemäß werden aber auch Träume eingereicht, die Ausdruck einer ganz eigenwilligen Interpretation sind und in eine vollkommen andere Richtung weisen. Was fängt man zum Beispiel mit einem optimistischen Traum wie dem folgenden an?

„Ich bin in einer Glaskugel eingeschlossen, ich kann nicht hinaus. Um die Glaskugel stehen Menschen: Oberlin, seine Frau, Kaufmann, der Schulmeister, Leute aus dem Dorf. Ich sehe, daß sie reden, aber ich kann sie nicht verstehen, obwohl sie sich Mühe geben und gar zu schreien scheinen. Ihre Wörter legen sich wie Schlingpflanzen um meine Glaskugel, die langsam überwuchert. Doch dann kommt Friederike (Das tote Mädchen aus Fouday? Meine Geliebte aus Sesenheim? Ich kann es nicht entscheiden, die beiden Gesichter verschwimmen in eines.), sie schiebt die Schlingpflanzen zur Seite, öffnet die Glaskugel – wir lieben uns."

Ablehnen, weil dieser Traum dem Verlauf der Novelle zuwiderläuft? Oder akzeptieren, weil man dieser Schülerin zugestehen darf, dem trostlosen Verlauf der Novelle einen eigenen Optimismus entgegenzusetzen? Ich meine: Akzeptieren, weil hier doch ein gutes Textverständnis zugrunde liegt und weil eine Auseinandersetzung stattgefunden hat.

Anstelle weiterer Arbeitsanregungen gebe ich hier noch drei Träume wieder, die ebenfalls von SchülerInnen aufgeschrieben worden sind: einen zu Euripides' „Medea" und zwei zu Kafkas „Ein Landarzt".

Medea

Traum der Medea:
„Ich bin in einer Welt der Geräusche – da sind Schritte, die auf mich zukommen, schwer und schleppend. Da sind kreischende Töne, die mich in den Ohren schmerzen. Am schlimmsten aber sind die Schreie – Schreie der Wollust, Schreie des Schmerzes, Schreie der Verzweiflung, Schreie des Todes, Schreie der Klage – endlose Schreie. Sie kommen näher, immer näher, ich kann nicht ausweichen, winde mich am Boden, halte die Ohren zu. Und dann fassen die Schreie mich an."

Ein Landarzt

„Ein Landarzt" – Traum des Pferdeknechts:
„Ich bin ein kleiner Junge und sitze auf Mamas Schoß. Sie streichelt und liebkost mich. Mein Vater, der Landarzt, kommt herein. Er steht hinter Mama, schaut sie gierig an und beginnt sie zu streicheln. Mama hört auf, mich zu liebkosen, sie läßt mich zu Boden fallen und wendet sich meinem Vater zu, küßt ihn. Sie lassen mich liegen und verschwinden im Schlafzimmer."

„Ein Landarzt" – Traum des Dienstmädchens:
„Ein Stall. Ein Schweinestall. Eine Laterne hängt von der Decke. Gibt kaum Licht. Es stinkt. Ein Knarren. Die Türe wird aufgestoßen. Der Landarzt! Er ist groß und schön. Hat eine weiche, wohlklingende Stimme. Er hält zwei Pferde am Zügel. Kommt auf mich zu. Seine Augen fixieren mich. Werden klein. Leuchten rot. Sein Gesicht verändert sich. Ich kriege Angst und fange an zu schreien."

28. GERICHTS-VERHANDLUNG

Emilia Galotti

Abschließende Betrachtungen: Rekonstruktionen, Plädoyers, Urteilssprüche

„Der Vorhang zu und alle Fragen offen", heißt es bei Brecht; das gilt für viele Texte, auch für Lessings „Emilia Galotti".

Odoardo Galotti geht ins Gefängnis und will sich dem Prinzen als seinem Richter stellen, erwartet aber später den Prinzen „vor dem Richter unser aller". Vor dem irdischen Gericht rechnet er mit einem Schuldspruch, vor einem himmlischen Gericht aber erwartet er eine endgültige Gerechtigkeit – und die Verurteilung des Prinzen.

Diese Äußerung Odoardos kann zum Ausgangspunkt für eine inszenierte Gerichtsverhandlung werden. Ankläger, Verteidiger, Sachexperten, Schöffen und Richter äußern sich über den Fall Galotti: Welche Schuld trifft den Mann, der seine Tochter umbringt, um sie vor Schmach zu bewahren? Welche Strafe ist dafür vorzusehen? Was kann als mildernder Umstand vor dem Gericht angeführt werden, das im Dienste des Prinzen steht? Ausgewählte Szenen, d. h. solche, die über das Geschehen eine juristisch brauchbare Aussage machen, werden – gleichsam als Tatortbesichtigungen und Rekonstruktionen – im Sinne der Parteienregie (vgl. Arbeitsvorschlag 15) eingeflochten. Ankläger und Verteidiger halten ihre Schlußplädoyers, das Gericht zieht sich zur Beratung zurück und fällt den Urteilsspruch. Das geht natürlich nicht ohne eine juristische Expertengruppe: Schüler, die sich über die Rechtsprechung im Zeitalter des aufgeklärten Absolutismus informieren und ihr Wissen in die konkrete Arbeit einbringen.

Übersicht über die beschriebenen Arbeitsvorschläge (Seitenangabe):

 **KAPITEL IV** # Umsetzung in die tägliche Unterrichtspraxis

Rahmenbedingungen

Damit das szenische Spiel für die Schüler nicht den Aspekt des Außergewöhnlichen, des ganz Besonderen bekommt, sondern im Rahmen des Literaturunterrichts eine mögliche Arbeitsform neben vielen anderen ist, sollte es auch ohne großen technischen oder organisatorischen Aufwand, ohne große Vorankündigung durchgeführt werden können. Wenn nicht gerade ein freier und nach Möglichkeit leerer, großflächiger Raum (Aula, Musikzimmer o. ä.) zur Verfügung steht, sollte man deswegen nicht schon auf die Durchführung verzichten. Meist genügt es, ein paar Stühle und Tische zur Seite zu schieben oder die Arbeit auf zwei Klassenzimmer zu verteilen. Szenisches Spiel sollte nicht am mangelnden Raumangebot scheitern, es ist letztlich in jedem Raum und an jedem Ort möglich.

Die im Kapitel III vorgestellten Arbeitsformen sind alle an sich Lektionsmodelle und bei entsprechender Vorbereitung ohne weiteres in einer normalen 45-Minuten-Stunde durchführbar, allerdings in den meisten Fällen noch ohne nachfolgende Auswertung. Und da eine solche Auswertung eng mit der Spielphase verknüpft sein und mit ihr zusammen eine didaktische Einheit bilden sollte, ist die Doppelstunde auf jeden Fall das bessere Unterrichtsgefäß. Das müßte derjenige, der mit einer gewissen Regelmäßigkeit szenisch arbeiten will, eigentlich schon zu Beginn eines Semesters bedenken – und als Option anmelden, wenn es um die Gestaltung des Stundenplans geht. Noch besser ist es, wenn man noch mehr Stunden in einem Block hat: Das ist bei Leistungskursen der Fall, kann aber auch im Regelunterricht verwirklicht werden, indem man z. B. alle Stunden einer Klasse auf einen Halbtag konzentriert.

Eine andere Rahmenbedingung ergibt sich aus der Schülerzahl in einer Klasse. Daß in der Folge der Verknappung der öffentlichen Haushalte die Klassenbestände angehoben werden, was für die Didaktik des Unterrichts zwingende Folgen hat, ist ein Problem, das nicht so schnell verschwinden wird. Die Erfahrung zeigt, daß mit mehr als 24 Schülern die szenische Arbeit schwierig wird. Also: in kleineren Gruppen anfangen, dort eine Basis schaffen und Akzeptanz fördern. Vielleicht wird es auf diese Weise doch möglich, auch mit größeren Klassen zu arbeiten. Es wäre bedauerlich, wenn man wegen des Klassenbestandes kapitulieren und wieder zum Frontalunterricht als einzig möglicher Unterrichtsform zurückkehren würde.

Szenisches Spiel ist in jedem Raum und an jedem Ort möglich

Akzeptanz, Aufbau, Kontinuität

Es gibt in jeder Klasse Schüler, die szenisches Arbeiten ablehnen. Das kann verschiedene Ursachen haben – und manchmal ist es ganz gut, beiläufig, aber keinesfalls inquisitorisch nach den Gründen der Verweigerung zu fragen und dabei auch deutlich zu machen, daß man diese Verweigerung nicht als Beleidigung oder Affront gegen die eigene Methode oder gar gegen die eigene Person auffaßt. Sie ist ein ganz normales Schülerrecht; jeder sollte das Recht auf die Wahl der ihm gemäßen Arbeits- oder Lernform haben. Das heißt aber auch, daß man eine neue, ungewohnte Lernform – und das szenische Spiel ist bestimmt eine davon – ausprobieren sollte. Am meisten hat diese Verweigerung nämlich mit purer Unkenntnis und Angst vor Neuem und vor ungewöhnlichem Engagement zu tun.

Schüler haben aber auch andere, namhafte Gründe der Verweigerung. Relativ oft nennen sie schlechte Erfahrungen mit allen möglichen und unmöglichen Formen von Theater, was sie dann zum Ausspruch führt, sie möchten lieber nicht mehr „theäterln". Die einen haben Theater als Dressurakt erlebt, bei dem sie bis zur Selbstentäußerung in ganz bestimmte Rollen und Verhaltensmuster und Lehrerphantasien hineingezwungen worden sind; andere haben szenisches Spiel als Belohnung für Wohlverhalten im Regelunterricht erlebt und/oder als bewußt inszenierten Kontrast dazu („hier bist du Mensch, hier darfst du's sein"); für die dritten war Theater die berüchtigte kreative Nische, die manchmal angesagt war, wenn der Lehrer nicht mehr weiter wußte oder mit seinem Stoff frühzeitig fertig war; die vierten schließlich haben Theaterformen als etwas erlebt, was ihnen eine zu große Nähe zu Mitschülern oder auch zum Lehrer zumutete, weil Theater zu einer Art psychodynamischer Kuschelecke des Unterrichts verkommen ist.

Andere Gründe, neben diesen oft tiefsitzenden schlechten Erfahrungen, können persönlich bedingt sein: Man hat Angst davor, sich zu sehr zu exponieren oder sich auch zu offenbaren; oder man fühlt sich nicht besonders wohl in der Klasse, es gibt Spannungen und Probleme der Interaktion.

Wieder andere gehen von dem Vorurteil aus, das szenische Spiel sei etwas für die Kleinen, jetzt, an der gymnasialen Oberstufe, habe es intellektuell zuzugehen, da sei kein Platz mehr für solche Kindereien.

Schließlich ist da noch ein Grund, der mit dem Schüleralltag zu tun hat: Szenisches Spiel fordert den einzelnen Schüler sehr, er kann sich nicht zurücklehnen, sich nicht in der Masse verstecken. Wer einen Text nicht kennt, nicht gelesen hat oder kurz vor der Stunde im Literaturlexikon bloß nachgeschlagen hat, der disqualifiziert sich, wogegen er sich im herkömmlichen Unterricht vielleicht bis zur Unscheinbarkeit zurückziehen kann, wenigstens bis zur nächsten Klausur. Dazu der Ausspruch einer Schülerin, der für viele steht: „Wenn uns alles dauernd so fordern würde wie das szenische Spiel, würden wir die Schule gar nicht durchstehen."

Es gibt keine apriorische Akzeptanz, aber es gibt eine apriorische Verweigerung

Die Einführung von szenischem Spiel ist Aufbauarbeit

Es gibt also keine apriorische Akzeptanz, höchstens eine diffuse, die aber auch gefährlich sein kann, weil dann bestimmte Erlebnisreprisen erwartet werden, aber es gibt eine apriorische Verweigerung. Darum gilt als Grundsatz: Die Einführung von szenischem Spiel ist Aufbauarbeit, sie muß mit viel Sensibilität angegangen werden, muß ohne Zwang und ohne falsche Verheißungen als etwas Selbstverständliches, als normale Arbeitstechnik eingeführt werden, nicht als Kontrast, sondern als unspektakulärer, anspruchsvoller Bestandteil des Regelunterrichts.

Und es muß deutlich gemacht werden: Szenisches Verfahren ist keine Spielerei, keine Spielstunde, sondern ernsthafte Auseinandersetzung mit dem Text. Dies verlangt auch, daß sich jeder darauf einläßt und nicht durch Albernheiten seine Ablehnung oder sein Unbehagen kompensiert.

Das setzt auch Vertrauen voraus in die eigenen Fähigkeiten, in die Gruppe, in den Lehrer, der niemanden bloßstellen will, und in das Vorgehen selbst. Das szenische Spiel bringt Resultate, die denen eines Unterrichtsgesprächs zumindest ebenbürtig, wenn nicht gar differenzierter und ergiebiger sind. Dieses Vertrauen herzustellen – auch das ist Basisarbeit.

Wenn eine Klasse aber einfach und allen Bemühungen zum Trotz nicht will, dann gibt es nur eins: erst einmal abbrechen, warten und später wieder probieren, vielleicht erst in kleineren Gruppen. Möglicherweise gelingt es dann, und die anderen machen mit der Zeit auch mit.

Immer wieder versuchen heißt aber nicht, sich auf attraktive Einzelaktionen zu beschränken. Man muß, um Akzeptanz und Kontinuität zu erreichen, eben diese Aufbauarbeit leisten, jeden Eindruck von Singularität, Delikatesse oder Außerordentlichkeit vermeiden. Und man muß auch die Ansprüche an die vom Spiel erwarteten Resultate steigern: Szenisches Arbeiten mit einem Kafka-Text in einer Abiturklasse geht von ganz anderen Erwartungen und Zielvorstellungen aus als szenisches Spiel mit Max Frischs „Andorra" in Klasse 8, 9 oder 10. Aufwand und Ertrag dürfen nicht ins Ungleichgewicht geraten.

Oft, aber nicht immer, gelingt es, daß Schüler die Angebote des szenischen Spiels mit Regelmäßigkeit und Neugier aufnehmen, daß sie dadurch zu wirklich neuen Einsichten kommen, daß sie merken, bis zu welchem Maße sie an der Textinterpretation mitwirken, daß sie Texte ganz anders erleben und daß sie irgendwann sagen: „Wenn Deutschunterricht immer so wäre!" Oder: „Ich habe einen Text noch nie so intensiv erlebt." Oder: „Jetzt habe ich den Text wirklich verstanden."

Dennoch gibt es Klassen, in denen man mit szenischem Verfahren einfach keinen Erfolg hat. Das muß man wertfrei akzeptieren. Vor allem aber gibt es in jeder Klasse Schüler, die auch nach mehreren Versuchen ganz klar nicht wollen. Auch das muß man akzeptieren.

Die Frage, wer mitmachen oder wer eine andere Arbeit angehen möchte, muß – frei von Emotionen und frei von falschen Erwartungshaltungen – in jeder Arbeitsphase neu gestellt werden.

Um Akzeptanz zu erreichen, muß der Eindruck von Delikatesse oder Außerordentlichkeit vermieden werden

Mitwirken der Nichtspieler

Was aber sollen die tun, die nicht spielen wollen? Auf jeden Fall etwas Sinnvolles, das gleiche Ansprüche stellt und ebenfalls auf die Texterarbeitung und Interpretation abzielt. Auf gar keinen Fall dürfen die Aufträge an die Verweigerer außerhalb der Ziele des Deutschunterrichts liegen (Kostüme nähen!) oder lediglich zuarbeitende Funktion haben.

Der Lehrer seinerseits sollte sich bei einer solchen Arbeitsteilung nicht ausschließlich mit der Gruppe befassen, die szenisch arbeitet; die anderen, die dramaturgische Arbeiten ausführen, literaturgeschichtliche Fragestellungen behandeln, verdienen ebensoviel Aufmerksamkeit, Betreuung und Interesse.

Das Recht auf Verweigerung

Ich nenne im folgenden einige Beispiele für Arbeiten, die von einzelnen Schülern bzw. von Gruppen erarbeitet werden können:

Im Rahmen szenischer Bearbeitung:
- Mitwirkung als selbständiger Coach, Übernahme von Regieaufgaben, Mitschrift, Improvisationsstenogramm und Endfassung von Dialogen, Erarbeitung von Szenenkonzepten, Arbeitsprotokollen, Regiebüchern;
- Erarbeitung und Beschreibung von Bühnen- und Raumkonzepten, Lichtkonzepten, alternativen Szenarien (z. B. für Video);
- Redaktion einer Programmzeitschrift, Erarbeitung eines Werbekonzepts, Redaktion und Betreuung einer Wandzeitung;
- Arbeitsjournal (mit Aufzeichnungen und Interviews);
- Diskussion von Interpretationsfragen, die in der szenischen Arbeit entstanden sind (vgl. Arbeitsvorschläge „Figurengasse" und „Landschaft der Fragen").

Im Rahmen der Erarbeitung von Grundlagen
- Beschaffung von wichtigen Hintergrundinformationen: Dokumente zur Zeitgeschichte, soziokulturelle Hintergründe, Lebensgewohnheiten, herrschende Moralvorstellungen, Architektur, Kleidung usw.
- Informationen zu Autor, Werk und literaturgeschichtlichem Basiswissen; Informationen über Quellen, Motivgeschichte, Wirkungsgeschichte, Aufführungsgeschichte;
- Lektüre und Präsentation von literaturwissenschaftlichen Arbeiten;
- Klärung gattungstheoretischer Grundbegriffe (z. B. im Theaterlexikon);
- Visionierung von Viedeoaufzeichnungen bekannter Inszenierungen; Vorbereitung einer Präsentation in der Klasse;
- bei ausländischen Autoren: Übersetzungsvergleiche (z. B. Shakespeare: von A. W. Schlegel bis zu Erich Fried und Heiner Müller).

Noten geben?

Wenn szenisches Verfahren im Literaturunterricht als reguläre Arbeitstechnik eingesetzt wird und innerhalb der Arbeitsformen des mündlichen Unterrichts ein repräsentatives Gewicht hat, darf man sich der Frage nach der Beurteilung nicht verschließen.

Der Einwand ist bekannt: Im szenischen Spiel geht es um Kreativität, um die Förderung von Emotionalität und Phantasie – und dies muß im sanktions- und selektionsfreien Raum geschehen, jeder Druck ist kontraproduktiv, jeder muß sich frei entfalten können, da darf es keine Selbstzensur geben. (Ist das, was ich im Spiel bringe, auch gut? Originell? Den Erwartungen entsprechend?)

Es darf nicht darum gehen, Gründe gegen eine Bewertung aufzulisten, weil man Bewertung grundsätzlich für motivationshemmend und kreativitätsläh-mend hält. Wer so denkt und argumentiert, überläßt letztlich die ganze Problematik der Selektion den meßbaren Bereichen des Deutschunterrichts und den Kollegen von den exakten Wissenschaften und bestraft einmal mehr die Schüler, die gerade im Bereich der Kreativität ihre Stärken haben. Die Notengebung im szenischen Spiel ist keine unpädagogische Einschränkung, sie ist eine Chance.

Damit aber das szenische Spiel im Deutschunterricht seinen Anteil an der Selektion hat, und ich halte das für sinnvoll, gilt es ein Bewertungssystem zu entwickeln, das

Notengebung für das szenische Spiel ist eine Chance

– Kriterien aufweist, die transparent und plausibel sind und die den Dimensionen des szenischen Spiels gerecht werden;
– keine Selbstzensur bewirkt, keine Schere im Kopf entstehen läßt;
– im Rahmen des Deutschunterrichts sein Gewicht hat und auch von den anderen Fächern ernstgenommen werden kann, das demzufolge die Noten nicht bloß zwischen „Gut" und „Sehr gut" ansiedelt.

Die Bewertungs-kriterien müssen den Dimensionen des szenischen Spiels gerecht werden

Als Basis für die folgenden Bemerkungen dienen mir die Resultate einer Umfrage. Ich habe im Herbst 1994 an verschiedenen Schulen in Deutschland und in der Schweiz insgesamt 12 Schulen/Institute, etwa 250 LehrerInnen und SchülerInnen zu diesem Problem befragt (vgl. dazu die vollständigen Angaben im Anhang):

62 % der Befragten (LehrerInnen: 69 %, SchülerInnen: 54 %) halten eine Bewertung des szenischen Verfahrens – und die Verrechnung mit der Deutschnote für „(sehr) erwünscht", 32 % für „problematisch", lediglich 6 % sind der Meinung, das sei „undenkbar".

Eine andere Zahl: 36 % (SchülerInnen: 32 %) sagen aus, daß sie der Gedanke an die Bewertung des szenischen Spiels vermutlich blockieren würde, 20 % (SchülerInnen: 28 %) befürchten eine Form von Selbstzensur; 44 % (SchülerInnen: 40 %) sagen aus, daß eine Bewertung keine Auswirkungen auf ihr Verhalten hätte.

Mit anderen Worten: Der Wunsch nach Bewertung ist also vorhanden, die Befürchtung, daß die Bewertung Auswirkungen auf das Spiel haben könnte, aber ebenfalls, und zwar bei den SchülerInnen mehr als bei den LehrerInnen. Das ist bei der Entwicklung von Kriterien zu berücksichtigen.

Es darf bei der Bewertung des szenischen Spiels nicht um gut oder schlecht gehen, auch nicht um richtig oder falsch, es darf auch keinesfalls darum gehen, schauspielerisches Können zu bewerten, sondern um Kriterien, denen andere Dimensionen zugrunde liegen, die aber gerade deswegen von großer Bedeutung und von hohem didaktischen Wert sind, weil sie nicht bloß quantifizierbare Leistungen und Resultate messen:

Phantasie, Kreativität, Spielintelligenz:
– ästhetische Sensibilität, ästhetische Kompetenz
– Ideen entwickeln, darlegen, umsetzen
– Regeln des Spiels akzeptieren und einhalten

Soziale Kompetenz:
– Kooperationsfähigkeit, Interaktionsfähigkeit
– Initiativen von Mitspielern aufnehmen und umsetzen

Individuelle Arbeit an Figur und Rolle:
– Auseinandersetzung mit der Rolle, Entwicklung der Figur
– Beiträge zur individuellen Textrezeption
– Verhältnis Ich/Rolle (sofern sichtbar)
– „innere Wahrheit" der Figur

Gattung Theater:
– Fähigkeit, in szenischen und dramaturgischen Dimensionen zu denken und zu handeln (Theoriebildung)
– überlieferte und festgefahrene Figuren- und Verhaltensmuster als solche erkennen und überwinden

Literarische Kompetenz:
– Erwerb von Texteinsicht und Interpretationszugängen im szenischen Verfahren
– Qualität des Textzugangs
– Umsetzung von Textfragen ins Spiel
– kritische Experimentierfähigkeit (Fähigkeit/Bereitschaft zur Bildung/Prüfung von Alternativen).

Zugegeben: Diese Kriterien sind vielleicht ganz einleuchtend, aber sie sind schwer umzusetzen. Deshalb muß auch unterschieden werden zwischen der Bedeutung, dem didaktischen Gewicht der einzelnen Kriterien und ihrer Machbarkeit, der praktischen Umsetzung.

In der erwähnten Umfrage sind diese Kriterien ebenfalls zur Diskussion gestellt worden. Die Befragten hatten diese Kriterien im Hinblick auf Bedeutung und Machbarkeit zu bewerten (maximal 5 Punkte). Im Durchschnitt aller Befragten ergab sich, daß man diese Kriterien zwar alle für ziemlich wichtig hält, aber an deren Machbarkeit/Umsetzung zweifelt.

Beispiel: Als wichtigstes Kriterium wurde die Dimension „Phantasie, Kreativität, Spielintelligenz" genannt (4,4 von 5 Punkten); gleichzeitig aber wurden gerade bei diesem Kriterium für die Machbarkeit die meisten Bedenken geäußert (2,3 von 5 Punkten). Am anderen Ende der Skala lag das Kriterium „Gattung Theater" (Bedeutung: 3,2; Machbarkeit: 2,7)

Praktische Umsetzung der Kriterien

Es geht also beim Problem der Bewertung im szenischen Spiel neben der Frage nach der Bedeutung der einzelnen Kriterien auch und vielmehr um die Frage nach der praktischen Durchführung/Umsetzung. Daher scheint es mir in diesem Zusammenhang von großer Bedeutung, daß

- alles daran gesetzt wird, die in vielen Schuljahren verinnerlichten Zensurmechanismen abzubauen;
- man als Lehrer und Schüler lernt, die Qualität eines Einfalls oder Beitrags nicht mit Kriterien wie „normal" oder „vernünftig" oder „originell" zu messen;
- die Bewertung völlig transparent gemacht wird, d. h. die Kriterien ausführlich, allgemein und in bezug auf das laufende Projekt erläutert werden und den Schülern laufend Orientierung über die Bewertung gegeben wird;
- die Schüler bei der Bewertung ein Mitspracherecht haben (Selbstbewertung und Fremdbewertung vergleichen und evtl. miteinander verrechnen);
- in einer Einführungsphase eine lediglich verbale Beurteilung erfolgt und/oder die Notengebung noch ohne Zählung probeweise durch eine Gruppe erfolgt und anschließend in der ganzen Klasse ausdiskutiert wird;
- die Beurteilung nicht das Ergebnis einer Punktmessung (selektionsorientiert) sein darf, sondern auch die Entwicklung im Verlaufe eines Projekts berücksichtigt (förderorientiert).

In der Umfrage haben sich 90 % der Befragten dafür ausgesprochen, daß die Bewertung des szenischen Verfahrens auch in schriftlichen Arbeiten zu erfolgen habe. Bei der Frage nach der Art von solchen schriftlichen Arbeiten entstand die folgende Hierarchie, mit dem prozentualen Anteil der Befragten, der sich – bei möglicher Mehrfachnennung – für eine der folgenden Formen ausgesprochen hat:

Formen schriftlicher Arbeiten

- Texte, die in der konkreten Arbeit, über Improvisation entstehen: Szenentexte und innere Monologe; andere fiktionale Texte (z. B. Figurenträume): 73 %
- Transferfähigkeit: schriftlicher Nachweis der Fähigkeit, die im szenischen Arbeiten erworbenen Fertigkeiten und Kenntnisse auf andere Texte/Problemfelder zu übertragen: 64 %

- Auseinandersetzung des einzelnen mit der szenischen Arbeit in größeren Textdokumenten: Protokolle, Tagebücher, Erfahrungsberichte, Artikel für Projektzeitung: 62 %
- Konzeptpapiere, Szenarien, Regiebücher: 42 %
- Literaturprüfungen, welche die spezifischen Formen des szenischen Arbeitens berücksichtigen und die entsprechenden Erkenntnisse abfragen: 31 %

Vom Spiel zum literarischen Diskurs

Bisher ist verschiedentlich und mit einer gewissen Beharrlichkeit darauf hingewiesen worden, daß das szenische Verfahren nicht denkbar sei, wenn sich keine Textreflexion damit verbindet – und zwar zwingend; es sei bloß Selbstzweck, eine Art Rumspielen, wenn es nicht in Anspruch und Organisation mit einer intellektuellen Auseinandersetzung gekoppelt sei; Spiel sei individualisierter und sinnlicher Interpretationszugang – aber noch nicht die ganze Interpretation. Diesen Anspruch gilt es jetzt einzulösen: die Verknüpfung von Spiel und literarischem Diskurs.

Zunächst und vor allem: Spiel kann diesen Anspruch nur dann erfüllen, wenn es intelligent angelegt ist, wenn es so formuliert ist, daß es eine literaturwissenschaftliche Dimension aufweist, wenn es Dinge in Erfahrung bringen will, die im Interesse der Textinterpretation liegen. In dieser Phase der Arbeit ist die Fachkompetenz des Lehrers gefragt.

Spiel muß intelligent angelegt und anspruchsvoll sein

Man darf sich den Übergang vom Spiel zum literarischen Diskurs nicht als scharfe Grenze vorstellen: Bis jetzt haben wir gespielt, jetzt beginnt die Debatte. Je enger und je selbstverständlicher Spiel und Diskurs miteinander verknüpft sind und sich wechselseitig bedingen, um so besser ist das szenische Verfahren in den Literaturunterricht integriert. Und besser ist es allemal, wenn dieser Übergang von den Schülern initiiert wird aus dem Bedürfnis, jetzt auch über das zu reden, was man gespielt und im Spiel gesehen und erfahren hat; aus dem Bedürfnis, den Text wieder zu konsultieren und das im Spiel Erreichte dort zu überprüfen.

Die Auseinandersetzung findet immer dann statt, wenn sie sich aufdrängt. Sie kann manchmal als Vorbereitung auf eine Spielsequenz notwendig werden, sie kann sich unmittelbar an ein Spiel anschließen, sie kann sich zwischen zwei Phasen eines Spiels ergeben, und sie kann mitunter selbst spielerischen Charakter annehmen.

Die Auseinandersetzung findet nicht zwingend und nicht immer im Plenum statt; sie kann genausogut ein Gespräch in einer kleinen Gruppe sein oder in Form einer individuellen Reflexion erfolgen (Aufzeichnung, Arbeitsjournal, halböffentliches Tagebuch).

Was auf jeden Fall unbestritten ist und sich immer wieder neu bestätigt: Unterrichtsgespräche sind ungleich lebendiger, wenn sie mit szenischen Verfahren verknüpft werden; und es kommt immer wieder dazu, daß sich auch jene

Szenisches Spiel belebt auch das Unterrichtsgespräch

Schüler engagiert am Gespräch beteiligen und etwas Substantielles zu sagen haben, die sonst beharrlich schweigen, oder denen sonst einfach nichts einfällt.

Das hat damit zu tun, daß man in der mit dem Spiel notwendigerweise verbundenen Perspektivenübernahme mehr Engagement entwickelt und daß das Spiel, das ja von seiner Definition her ein Erproben im sanktionsfreien Raum darstellt und doch von festen Regeln geleitet ist, mehr Mut und Selbstvertrauen gibt, als wenn man sich mit einer Lehrerfrage konfrontiert sieht.

Formen und Variationen zur Verknüpfung von Spiel und Diskurs:

– *Die Textreflexion ist Vorbereitung auf eine gemeinsam zu planende Spielsequenz:* Eine Gruppe erarbeitet eine Teichoskopie (vgl. Arbeitsvorschlag 3) und muß dabei die Perspektive, die sie zu übernehmen hat, aus dem Text ableiten und vor jeder Improvisation planen und diskutieren; das geht nicht ohne ein differenziertes Gespräch darüber, was denn eigentlich dieser dialektische Ansatz einer Betrachtung aus einer neuen Perspektive bringen könnte.
– *Die Textreflexion ist integrierender und begleitender Teil des szenischen Spiels:* Das in den Arbeitsvorschlägen 10 (Figurenperformance) und 16 (Reihentechnik) angeregte Verfahren mit den Coaches ist nur möglich, wenn in den Spielunterbrechungen immer wieder diskutiert wird. Das eben Gespielte wird beurteilt, man diskutiert die Konsequenzen, die sich daraus für die nächste „Runde" ergeben.
– *Die szenische Arbeit ist unmittelbare und zwingende Vorbereitung auf die Textreflexion:* Bei der Figurengasse (Arbeitsvorschlag 13) und bei der Landschaft der Fragen (Arbeitsvorschlag 20) bringt das Spiel selbst die Fragen hervor, die dann das Niveau und den Gang der Diskussion bestimmen. Diese Fragen sind auf jeden Fall stimulierender als ein ganzer Katalog von Lehrerfragen, denn sie sind in einer Situation emotionaler Anteilnahme entstanden, sie entspringen der individuellen Textreflexion und der Neugier des Lesers und werden daher auch als verpflichtend angesehen. Bei der Landschaft der Fragen, die ja manchmal so etwas wie eine übergeordnete Ebene werden kann, kann man in Ergänzung zu den vorgeschlagenen Anregungen die Frage auch einzelnen Schülern zuteilen. Jeder Schüler übernimmt die Verantwortung für eine bestimmte Frage, und er muß bei seinen Spielanregungen und -einwürfen diese Frage immer wieder im Hinterkopf haben: Ich will im Spiel Antworten auf meine Frage erhalten. Diese Fragen sollen dann auch so etwas wie verbindliche Zielvorgaben für andere Improvisationen sein: In unserer Teichoskopie, in unserer Spielvariation, in unserer Performance wollen wir die Antworten auf diese Fragen finden.
– *Die Textreflexion ist selbst schon Spiel:* wie beim Museumsspiel, (Arbeitsvorschlag 2) oder der Hot-Chair-Situation (Arbeitsvorschlag 12). Dadurch daß man im Spiel Figuren betrachtet, kommentiert, verändert, mit anderen kombiniert und letztlich auch – allein oder im Kollektiv – befragt, werden Techniken der Reflexion und der Interpretation zu einem Spielverfahren.

Wenn man die in Kapitel III vorgeschlagenen Arbeitsformen auf die Möglichkeiten der Verschriftlichung (fiktionale Texte, aber auch Dokumentationen, Protokolle usw.) prüft, ergeben sich eigentlich ganz selbstverständlich die Textsorten, die im Abschnitt Notengebung schon vorgeschlagen worden sind. Es sind Schreibaufträge, die eine wesentlich größere Plausibilität und folglich auch größere Akzeptanz haben, weil sie aus einer Spielerfahrung abgeleitet und daher auch mit emotionalen und persönlichen Implikationen verbunden sind.

Daher sollte bei diesen Texten auch der Erprobungscharakter zugestanden werden. Es sind Texte, die aus dem Spiel entstehen, die dann im Spiel wieder überprüft und verändert werden können. Solche Texte werden gesammelt (in einem Dossier, an einer Pinnwand) und dürfen jederzeit überarbeitet und ergänzt werden. Eine etwaige Bewertung kann dann bei der „editio major" ansetzen oder den Prozeß der Textentwicklung als Bemessungsgrundlage nehmen.

Als eine wichtige und von Schülern im allgemeinen geschätzte Arbeitsform kann sich das Tagebuch erweisen, vor allem, wenn eine Klasse über eine gewisse Zeit hinweg an einem Text szenisch arbeitet: Die Schüler werden aufgefordert, zu einem ganz bestimmten Aspekt der Arbeit (z. B. der Arbeit an der zugeteilten/gewählten Figur) mehrere, zeitlich auseinanderliegende Tagebucheintragungen zu schreiben. Damit aber dieses Tagebuch nicht zu einer Seelen-Peep-Show verkommt, soll den Schülern von Anfang an gesagt werden: Dieses Tagebuch ist kein „journal intime"; was ihr schreibt, ist von allgemeinem Interesse für die ganze Klasse, es wird deswegen auch zur Einsichtnahme für alle ausgelegt.

Von der Einzelstunde zum Unterrichtsprojekt

Die Häufigkeit von szenischen Verfahrensformen innerhalb des Literaturunterrichts in einer Klasse ist kaum planbar, sie hängt weitgehend von der Akzeptanz ab. Wenn eine Klasse nicht (oder nicht mehr) will oder wenn sich nur noch eine kleine Gruppe von immer gleichen Schülern dafür interessiert, sollte man szenisches Spiel besser sein lassen.

Ist aber ein mehr oder weniger allgemeines Interesse als wichtige Grundvoraussetzung vorhanden, so kann sich das szenische Spiel auch über eine längere Zeit als feste Arbeitsform etablieren und zu einem zentralen Instrument werden. Es kann sogar ein Unterrichtsprojekt entstehen, an dessen Ende eine Aufführung oder eine Videoaufzeichnung stehen könnte, was zwar nicht unbedingt zwingend ist, aber als Zielvorgabe doch motivierend wirken könnte. Im folgenden Kapitel werden vier mögliche Projekte vorgeschlagen.

Damit aber weder schulintern noch außerhalb der Eindruck entsteht, da pflege ein Lehrer seine ganz private Liebhaberei und benütze den Deutsch-

Szenisches Spiel kann zu einem zentralen Instrument des Deutschunterrichts werden

unterricht als Gefäß dafür, sollten in einem solchen Falle die Bedingungen eines solchen Projekts in einer Art von Klassenvertrag genau festgelegt werden; Eltern und Schulleiter sollten Kenntnis davon erhalten.

Beispiel eines Klassenvertrags:
Es wird vorgeschlagen, im Fach Deutsch als längerfristiges Unterrichtsprojekt ein szenisches Experiment (Theaterstück/Videoaufzeichnung) zu realisieren; die Realisierung ist allerdings von der Zustimmung der Klassenmehrheit abhängig. Dabei gelten die folgenden Grundsätze und Bedingungen:

1. Die Idee eines szenischen Projekts darf nicht und zu keinem Zeitpunkt von den Zielen des Deutschunterrichts abweichen; das Projekt soll ganz zentral die Auseinandersetzung mit Literatur fördern – und es soll Raum geschaffen werden für die verschiedenen Formen des Deutschunterrichts: des Sprechens, Lesens, Gestaltens und Schreibens.

2. Es geht in erster Linie darum, gemeinsam an einem Projekt zu arbeiten, eine Textvorlage frei und nach eigenen Vorstellungen, aber selbstverantwortlich und unter Berücksichtigung gemeinsam festgelegter Kriterien für die Bühne/den Film zu bearbeiten und szenisch zu interpretieren. Eine Aufführung (öffentlich oder schulintern) ist dabei nicht zwingend, kann aber ins Auge gefaßt werden.

3. Niemand soll zum szenischen Auftritt gezwungen werden, niemand soll zum Star oder zum bloßen Komparsen gemacht werden. Die Wahl des Textes wird daher auch von der Zahl der Spielwilligen abhängen. Wer nicht mitspielt, bekommt eine gleichwertige literarische, dramaturgische oder redaktionelle Aufgabe. Die verschiedenen Interessen und Begabungen sollen sinnvoll zum Tragen kommen. Die Belastung soll ausgeglichen bleiben.

4. Die Wahl des Themas wird aber nicht nur von der Zahl der Spielwilligen abhängen, sondern auch von inhaltlichen und stilistischen Vorstellungen. Es ist daher wichtig, daß im Vorfeld dieses Projekts Texte gelesen und Ideen entwickelt werden, die dann der ganzen Klasse vorgelegt werden.

5. Dieses Unterrichtsprojekt darf nicht zu einer Belastung führen, die das durchschnittliche Maß des Deutschunterrichts übersteigt. In der Notengebung beim nächsten Zeugnistermin sollen die Leistungen bei diesem Projekt mitberücksichtigt werden.

Ein Klassenvertrag umschreibt die Bedingungen eines Unterrichtsprojekts

KAPITEL V — Das szenische Spiel in größeren Unterrichtseinheiten

Dieses Kapitel hat eine dreifache Zielsetzung: Es ist zum einen eine Synthese aus dem bisher in den Kapiteln III und IV Dargestellten, es ist zum anderen eine Darstellung von Transfermöglichkeiten der bereits beschriebenen Arbeitsvorschläge. Drittens aber und vor allem ist es der Versuch, das szenische Verfahren als festen Bestandteil oder gar als Zentrum in größere Unterrichtseinheiten einzubauen: als Kontinuum im Regelunterricht, wenn es darum geht, ein größeres Werk oder mehrere Werke eines Autors oder einer Epoche zu behandeln; aber auch als Produkt eines Unterrichtsprojekts (das mitunter auch fächerübergreifend sein kann) oder als Lernangebot im Werkstattunterricht.

Goethe: Urfaust

Für szenisches Arbeiten ist der „Urfaust" (nach neuerer Terminologie die „Frühe Fassung"; vgl. Schoene 1994) wesentlich geeigneter als der „Faust I". Der fragmentarische, sehr lückenhafte Charakter des Werks eröffnet dem szenischen Verfahren wesentlich mehr Ansatzpunkte: Da gibt es eine ganze Reihe von Möglichkeiten, Zäsuren zu füllen und neue Handlungszusammenhänge zu erfinden. Dem „Urfaust" gegenüber ist man – als Lehrer und als Schüler – vielleicht auch unbefangener, und dies fördert die Experimentierfreudigkeit. Das Schwergewicht der folgenden Bearbeitung liegt auf der Gretchenhandlung.

Die Voraussetzung ist hier die gleiche wie bei den in Kapitel III beschriebenen Arbeitsvorschlägen: Die Schüler haben den Text gelesen, die Handlungszusammenhänge und die Figuren sind ihnen bekannt; eine Szenenfolge (Tabelle), die ihnen ausgeteilt worden ist, erleichtert ihnen die schnelle Orientierung, den Text haben alle immer griffbereit bei sich. Szenisches Arbeiten soll ja immer wieder zu Textkonsultationen führen, und es soll auch neue Lust am Text zur Folge haben. Falls die Lektüre nicht perspektivisch (d. h. mit vorgegebener Rollenverteilung) erfolgt ist, wählen die Schüler zu Beginn des szenischen Arbeitens ihre Rolle, Mehrfachbesetzungen soll man dabei nicht verhindern, sondern im Gegenteil anstreben, denn dies eröffnet immer wieder neue Gesprächsmöglichkeiten. Den Schlaubergern in einer Klasse, die nur eine unbedeutende Rolle wählen, weil sie möglichst in Ruhe gelassen werden wollen, wird man sagen, daß in der szenischen Arbeit jede Rolle gleichgewichtig ist: Ein Saufbruder aus Auerbachs Keller kann in vielen Szenen eingesetzt werden und hat am Schluß eine gleich große Rolle wie Faust. Es ist auch möglich (und kann sehr reizvoll sein), neue Figuren zu erfinden und ihnen im Rahmen des „Urfaust" Sprache und Aktion zu geben: Gretchens Mutter etwa oder Bärbelchen (von der in der Brunnenszene die Rede ist), Gretchens Beichtvater usw.

„HABENUNACH" Über eine Gegenstandsimprovisation (vgl. Übung 14) werden die Schüler eingeladen, einen inneren Monolog zu entwickeln, der gleichsam ihre persönliche Lage wiedergibt, der Ausdruck ihrer gegenwärtigen Situation ist: Wo stehe ich? Was habe ich bisher erreicht in meinem Leben? Was möchte ich eigentlich mal werden? Welche Schwierigkeiten habe ich? ... Um jeden Anflug von Schnüffelei oder therapeutischem Getue von vornherein auszuschalten, sollte man den Schülern gleich zu Beginn sagen: Diese inneren Monologe werden nicht aufgeschrieben, niemandem mitgeteilt, sie sind zu 100 % privat, sie werden zu einer Musik (die keinesfalls psychedelisch sein darf) gemurmelt, gesprochen – das ist aber auch schon alles.

In einer zweiten Phase behalten die Schüler den Gegenstand, der Stimulus für ihren Monolog gewesen ist, zwar in der Hand, lassen ihren Text aber beiseite – und ich lese der Klasse die ersten 30 Verse des „Urfaust" vor: „Habe nun, ach, ..." Sofort wird ihnen deutlich, daß sie es hier nicht mit einem fernen klassischen Text, nicht mit einem Helden vergangener Zeiten zu tun haben, sondern daß da einer spricht (Ein Lehrer? Ein Schüler?), der in einer Sinnkrise steckt, der Bilanz zieht und der sich – vielleicht voller Selbstmitleid – fragt, was er denn eigentlich will. Der Faustmonolog ist die Initiationstirade der Hauptfigur.

Die Initiationstirade als Selbstporträt der Hauptfigur – dieser Gedanke führt zur nächsten Phase: Alle Spieler werden aufgefordert, die Initiationstirade, das „Habenunach" ihrer Figur zu entwickeln (zu improvisieren, dann aufzuschreiben) und sich dabei vorzustellen, daß diese Tirade zum gleichen Zeitpunkt entsteht wie Fausts Eingangsmonolog. Konkret also: Wo befinden sich Gretchen oder Marthe oder Mephisto zu dem Zeitpunkt, in dem Faust seinen Monolog spricht, und wie lautet ihr persönliches „Habenunach"?

RAUMIMAGINATION Der Spielleiter teilt den Raum in fünf Zonen ein: In jeder Ecke des Klassenzimmers befindet sich dann ein geschlossener Raum: Fausts Studierzimmer, Gretchens Kammer, im Haus von Marthe Schwerdtlein, der Kerker – und im Zentrum der öffentliche Raum, der gleichzeitig Auerbachs Keller, Straße, Brunnen und Dom sein kann. Die Schüler wählen das zu ihrer Figur passende emotionale Zentrum aus und begeben sich dorthin. Das weitere Vorgehen ist gleich dem Arbeitsvorschlag 6.

FIGURENGASSE In der in Arbeitsvorschlag 13 beschriebenen Anordnung werden nacheinander in verschiedenen Varianten erfunden und erprobt:

– Anmachformen, als Varianten zu „Mein schönes Fräulein ...". Das können durchaus auch moderne Formen sein – und es darf auch der Versuch gewagt werden, wie ein Mann denn eine Frau anspricht, ohne daß es gleich als Anmache denunziert wird.
– Formen der Beschimpfung: Gretchens Spießrutenlauf, nachdem bekannt geworden ist, daß sie mit Faust geschlafen hat und ein Kind von ihm erwartet: „Schäme dich! – Jetzt will dich keiner mehr ..." usw.

– Formen der Beschönigung: Faust hat sich Gretchen gegenüber zwar miserabel verhalten, aber einem großen Herrn gegenüber ist man nachsichtig: ein Kavaliersdelikt („Gretchen wird ja wohl nicht ganz unschuldig sein ...“ usw.)

KREISIMPROVISATION

Der Fragmentcharakter des „Urfaust“ hat, wie bereits erwähnt, eine Fülle von Zäsuren: weiße Flecken in der Handlung, die man mit Improvisationstechniken ausfüllen und erkunden kann: Wie verläuft z. B. eine Begegnung zwischen Gretchen und ihrem Bruder Valentin? Zwischen Faust und Gretchens Mutter? Zwischen Frau Marthe und Gretchens Mutter?

Solche ungeschriebenen Begegnungen können auch dem Zufall überlassen werden: Die Spieler gehen frei im Raum umher und bilden auf ein Zeichen des Spielleiters spontan Zweiergruppen, in denen dann eine Begegnung improvisiert werden muß. Und wenn in einer solchen Spielanordnung zwei Schüler zusammentreffen, die die gleiche Rolle haben, kann dies zu einem inneren Monolog mit dem alter ego einer Figur führen bzw. zum Dialog zwischen Fausts „zwei Seelen“ (vgl. Übung 13 und Arbeitsvorschläge 10 und 23).

REIHENTECHNIK

Mit der Reihentechnik können, wie bereits erwähnt, zwei Dimensionen untersucht werden: Sie ermöglicht eine Analyse der Interaktionsinterferenzen, die mit dem vorgesehenen Partnerwechsel eine zusätzliche Dimension bekommt, und sie erlaubt (aufgrund der Interventionen der Coach- und Regiegruppe) ein Spielen in Variationen. Ziel der Reihentechnik ist es ja letztlich, die biographischen, räumlichen und emotionalen Rahmenbedingungen einer Szene zu erforschen und irgendwann auch verbindlich festzulegen: Wo, wann, warum stellt Gretchen die berühmte Frage? – Wo? Der Hinweis auf „Marthens Garten“ bedeutet ja letztlich nichts anderes, als daß die Szene in der Abgeschiedenheit stattfindet, in einem privaten, von der Öffentlichkeit abgeschirmten Raum, der der Szene auch etwas Intimes gibt. – Wann? Mit dem gegen Ende der Szene gesprochenen Satz („Ich ließ dir gern heut' Nacht den Riegel offen.“ v. 1198) signalisiert Gretchen ihre Bereitschaft zur Hingabe. – Warum? Will Gretchen mit der Frage nach der Religion Gewißheit haben über die Ernsthaftigkeit von Fausts Absichten? Oder will sie Zeit gewinnen? Oder signalisiert sie damit schon Intimität? – Alles Varianten, die man erproben kann (vgl. Arbeitsvorschlag 16).

Erforschen emotionaler, biographischer und räumlicher Rahmenbedingungen

GRETCHEN	Sag mir doch, Heinrich!
FAUST	Was ist dann?
GRETCHEN	Wie hast dus mit der Religion?
	Du bist ein herzlich guter Mann,
	Allein ich glaub, du hältst nicht viel davon.
FAUST	Laß das, mein Kind! du fühlst, ich bin dir gut.
	Für die ich liebe, ließ' ich Leib und Blut,
	Will niemand sein Gefühl und seine Kirche rauben.

MARGARETE	Das ist nicht recht, man muß dran glauben!
FAUST	Muß man? (...)
MARGARETE	Glaubst du an Gott?
FAUST	Mein Kind, wer darf das sagen:
	„Ich glaub einen Gott!"
	Magst Priester, Weise fragen,
	Und ihre Antwort scheint nur Spott
	Über den Frager zu sein.
GRETCHEN	So glaubst du nicht?
FAUST	Mißhör mich nicht, du holdes Angesicht!

GARTENSZENE Die Gartenszene, in der in regelmäßigem Wechsel mal Faust und Gretchen, mal Mephisto und Marthe auftreten und in der in kontrastierender Form abgehandelt wird, was Liebe ist, sein kann oder sein könnte, ist ein wunderschönes Beispiel einer Reigenszene, und sie eröffnet der Improvisation eine ganze Reihe zusätzlicher Möglichkeiten.

„Gretchengeschichten":
Erweiterung der Dramaturgie und Variationen zum Thema

FAUST	Ein Blick von dir, ein Wort mehr unterhält
	als alle Weisheit dieser Welt.
	er küsst ihre Hand
MAGR	Inkomodirt euch nicht! Wie könnt ihr sie nur küssen,
	Sie ist so garstig, ist so rauh
	Was hab ich nicht schon alles schaffen müssen,
	Die Mutter ist gar zu genau.
	gehn vorüber

MARTHE	Sagt grad mein Herr, habt ihr noch nichts gefunden,
	Hat sich das Herz nicht irgendwo gebunden?
MEPH	Das Sprüchwort sagt ein eigner Heerd
	Ein braves Weib sind Gold und Perlen werth.
MARTHE	Ich meyne: ob ihr niemals Lust bekommen.
MEPH	Man hat mich überall recht höflich aufgenommen,
MARTHE	Ich wollte sagen: ward's nie Ernst in eurem Herzen?
MEPH	Mit Frauens soll man sich nie unterstehn zu scherzen.
MARTHE	Ach ihr versteht mich nicht.
MEPH	Das thut mir herzlich leid,
	doch ich versteh – daß ihr sehr gütig seyd.
	gehn vorüber

FAUST	Was soll das? Keinen Straus?
MAGR	Nein es soll nur ein Spiel.
FAUST	Wie?
MAGR	Geht ihr lacht mich aus.
	sie rupft und murmeld

FAUST	Was murmelst du?
MAGR	*halb laut* Er liebt mich – Liebt mich nicht.
FAUST	Du holdes Himmels Angesicht!
MAGR	*fährt fort* Liebt mich – Nicht – Liebt mich – Nicht –
	das lezte Blat ausrupfend mit holder Freude
	Er liebt mich!
FAUST	Ja mein Kind! Laß dieses Blumenwort
	Dir Götter Ausspruch seyn: Er liebt dich!
	Verstehst du, was das heißt: Er liebt dich!
	er faßt ihr beyde Hände
MARTHE	Ich bät euch länger hier zu bleiben
	Allein es ist ein gar zu böser Ort.
	Es ist als hätte niemand nichts zu treiben
	Und nichts zu schaffen,
	Als auf des Nachbarn Schritt und Tritt zu gaffen.
	Und man kommt in's Gespräch wie man sich immer stellt
	Und unser Päärgen?
MEPH	Ist den Gang dort aufgeflogen
	Muthwillge Sommervögel
MARTHE	Er scheint ihr gewogen.
MEPH	Und sie ihm auch. Das ist der Lauf der Welt.

Man kann aus der Reigenszene eine Art Karussellszene machen und dabei das Thema Liebe variieren, indem man andere Figuren, Handlungsvarianten oder Zeitsprünge (Retrospektiven, Antizipationen) einbaut und das ganze als eine Art Karussell inszeniert: Die Figurenkombinationen treten in regelmäßigem Wechsel auf (Übergänge, Drehungen des Karussells mit Spieldosenmusik markieren) und spielen einen kurzen(!) Ausschnitt ihrer Biographie, ihrer Szene. Beispiele, die in der praktischen Arbeit entstanden sind (v. 925 ff.):

- Gretchen spricht mit Bärbelchen: Beide sind schwanger, aber nicht verheiratet, von ihrem Geliebten verlassen und fürchten das Verdikt der Gesellschaft.
- Gretchen trifft auf eine junge Frau, die kurze Zeit zuvor Fausts Geliebte war (kann als Einfall toleriert werden): Gretchen muß die Erfahrung machen, daß sie mit ihrer Liebe auch jemandem Schmerz zufügt.
- Gretchen möchte, daß Marthe Schwerdtlein (die man kurzerhand zur „Engelmacherin" erklärt, was durchaus in den Dimensionen dieser Figur liegt) ihr das Kind abtreibt, das sie von Faust erwartet. Marthe kann nicht annehmen, da über ihre Tätigkeit geredet wird.
- Gretchen hat das Kind zur Welt gebracht und die Stadt verlassen:

Welche Möglichkeiten hat eine junge Frau in den 70er Jahren des 18. Jahrhunderts, wenn sie ein uneheliches Kind zur Welt bringt? Variante: Die Szene spielt heute.
– Jahre später: Gretchen als alleinerziehende Mutter spricht zu ihrem Kind über Faust, von dem sie nie wieder etwas gehört hat.

BRUNNENSZENE   Der öffentliche Brunnen als städtische Trinkwasserversorgung stellt auch ein Kommunikationszentrum dar, man trifft sich, da werden die neuesten Informationen ausgetauscht, da redet, da tuschelt man. So auch Gretchen und Lieschen, die Bärbelchens Schicksal behandeln. Diese Vorgabe wird nun über die Improvisation angereichert mit dem Hinzukommen anderer, z. T. erfundener Figuren, z. B.

**„Gretchengeschichten":
Veränderungen und
Erweiterungen in der
Figurenkonstellation**

– eine Schwester von Gretchen, die sich über deren Zurückhaltung wundert;
– Frau Marthe, die (als Informationskatalysator) „neuen Stoff" bringt;
– Bärbelchen (Totenstille? Scheinheiligkeit? Nichtbeachtung?);
– Gretchens Mutter (Themawechsel: Mit einer frommen älteren Frau redet man nicht über gefallene Mädchen).

Die Improvisation muß relativ straff geführt werden (Auftritte und Abgänge festlegen, dem Verlauf einen deutlichen Rhythmus geben), damit die Szene nicht auf banales Dorftheaterniveau absackt.

DOMSZENE   Aus der Annahme, daß der „Böse Geist" der Domszene so etwas wie ein Konglomerat von Gretchens Gewissensbissen und Schuldgefühlen darstellt, und aus der Einsicht, daß Theater letztlich immer auch Inneres visualisieren muß, kann sich die folgende Spielmöglichkeit für die Domszene ergeben: Den Schülern werden Bildvorlagen eines (barocken) Hochaltars gezeigt (Detail- und Gesamtaufnahmen), und sie werden aufgefordert, eine der Altarfiguren (Engel, Putten, Heilige) in der Haltung zu imitieren.
Auf einer Bockleiter nehmen diese Figuren ihre Haltung ein und „bauen" so gleichsam einen Hochaltar nach, vor dem Gretchen kniet. Alles, was jetzt dargestellt wird, ist eine Angstvision Gretchens:

– Der Altar „schwankt" zunächst fast unmerklich hin und her, während die ersten Sätze des Bösen Geistes (verteilt auf verschiedene Altarfiguren) gesprochen werden.
– In der zweiten Serie der Geist-Sätze (v. 1335 - 1342) wird das Schwanken der Figuren stärker, die Altarfiguren werden zu dämonischen Fratzen, in ihre Sätze, die wiederholt und vielleicht auch variiert werden, mischt sich Hohngelächter.
– In der dritten und vierten Serie der Geist-Sätze (1356 ff. und 1364 ff.) ver-

lassen die Altarfiguren ihre Position und kreisen Gretchen mit einem dämonischen Tanz ein. Wenn die Orgelmusik wieder einsetzt und der Chor das „Judex ergo" erneut singt, nehmen die Figuren ihre ursprüngliche Haltung wieder ein: ein Hochaltar – Gretchens Alptraum ist vorbei – „Nachbarin, euer Fläschchen!"

Man kann diesen Alptraum noch verstärken, wenn man im Zentrum des Altars eine Madonna aufbaut (Kernstück von Gretchens Anbetung), die im Verlauf der Szene ihr Madonnengewand verliert und sich in Mephisto verwandelt.

FIGUREN TRÄUMEN   In der Endfassung des „Faust I" schließt sich an die Domszene die Walpurgisnacht an: Mephisto will Faust ablenken, vergessen machen – und schleppt ihn ins saturnalische Vergnügen. Im „Urfaust" fehlt diese Walpurgisnacht – man empfindet deutlich eine Zäsur: eine Gelegenheit, um Bilanz zu ziehen und sich zu fragen: Wo stehen die Figuren? Was denken, was empfinden sie in dieser

**„Gretchengeschichten":
Bilanz zum
Entwicklungsstand
einer Figur**

Phase? Oder: Was träumen sie? – Die Schüler werden aufgefordert, Träume ihrer Figuren zu imaginieren, aufzuschreiben und nachher zu inszenieren.

Beispiele aus der konkreten Arbeit

1. Marthes Traum: „Ich bin alt, gebrechlich, gehe nicht mehr aus dem Haus. Und jede Nacht dieser Traum: Alle ziehen an meinem Bett vorbei: Gretchen mit der Bitte ‚Hilf mir'; Gretchens Mutter, die mir Vorwürfe macht (‚Kupplerin!'); Valentin, der mich beschimpft; die mater dolorosa, die sich abwendet; Faust, hilflos, will mit mir reden, findet aber keine Worte; am schmerzlichsten aber: Mephisto, der sich galant meinem Bette nähert, sich für meine Hilfe bedankt: Ohne mich wäre ihm der Plan nicht geglückt ...“

2. Valentins Traum: „Fausts Studierzimmer; durch ein hohes, schmales Fenster dringt spärliches Licht. In der Mitte ein riesiger Tisch, darauf Folianten, Papiere, Retorten, Gebeine. Links vom Tisch ein Skelett, von dem ich weiß, daß es Gretchen ist. Hinten ein aufgeschlagenes, zerwühltes Bett, darauf Gretchens Kleider. Am Tisch Faust. Ich gehe auf ihn zu, ziehe den Säbel, will ihn ihm über den Schädel ziehen; da wendet er sich mir zu, hebt den Kopf, schaut mich an. Ich blicke in mein eigenes Gesicht. Das Gretchenskelett fängt an sich zu bewegen, beginnt höhnisch zu grinsen und ruft in ordinärem Ton: ‚Bin ich nicht schön? Faust hat mich eben gehabt. Willst du nicht mit mir schlafen, liebes Brüderchen?' Vom Fenster her die Stimme der Mutter: ‚Hurenpack!' “

GRETCHENS TOD Der „Urfaust" schließt – ebenso wie die Endfassung – mit der Kerkerszene. Gretchens Hinrichtung (vgl. dazu die Prozeßakten; Birkner 1989) wird ausgespart. Was aber nicht heißt, daß dieser Aspekt der Gretchentragödie in der szenischen Arbeit auch ausgespart werden muß. Gretchens Hinrichtung oder vielmehr ihr Gang zum Schafott wird als Teichoskopie dargestellt: Gretchen selbst tritt nicht auf, die Handlung bleibt verdeckt (vgl. Arbeitsvorschlag 3). **Teichoskopie**

Kommentiert wird durch die Umstehenden („Zaungäste"), wie sich die Kerkertüre öffnet, wie Gretchen, die seit Monaten zum ersten Mal wieder Tageslicht erblickt, auf den Richtplatz tritt, kahlgeschoren, im Büßerhemd. Vor sich Tausende von Schaulustigen. Langsam, mehr gestoßen als aus eigener Kraft, geht sie über den Richtplatz, erreicht die unterste Stufe des Schafotts. Ende. Mehr zu zeigen, die Teichoskopie hier weiterzuführen wäre eine unzulässige Form von Voyeurismus.

Wer da diesen Gang Gretchens zum Schafott kommentiert, innere Monologe, Gespräche mit einer anderen Figur, Kommentar zu einem „unsichtbaren" Zaungast, das können Stückfiguren sein: Marthe Schwerdtlein, Lieschen, Leute aus Auerbachs Keller, Wagner, Faust (inkognito) und Mephisto. Aber eben auch hinzugedachte Figuren: Gretchens Schwestern, nach Prozeßakten hatte sie deren drei, Neugierige, Wachsoldaten, Henkersknechte, Anwohner, die ihre Fensterplätze vermietet haben usw.

E. T. A. Hoffmann: Der Sandmann

UNTERRICHTS-WERKSTATT

Als Beispiel für die Behandlung eines epochentypischen Textes (Behandlung des Textes und Behandlung der Epoche) wird auf den folgenden Seiten eine Form von Werkstattunterricht skizziert; einzig die szenischen Verfahren – im Rahmen der Werkstatt gleichrangig neben den anderen Arbeitsformen – werden dabei, der Intention dieses Buches folgend, näher beschrieben. Die Dauer der Unterrichtswerkstatt ist auf etwa acht bis zehn Wochen veranschlagt (bei vier Wochenstunden).

Szenisches Verfahren im Rahmen der Behandlung einer Epoche

Etwa einen Monat vor Beginn der Werkstatt wird der Klasse das Unterrichtsprojekt vorgestellt: Wir lesen, als Beispiel für die Epoche der Romantik, E. T. A. Hoffmanns Novelle „Der Sandmann" und arbeiten experimentell an deren szenischer Interpretation und Gestaltung, was etwas erheblich anderes ist als eine bloße Dramatisierung. Der Einsatz technischer Möglichkeiten als Interpretationsformen (Video, Overhead, Diaprojektionen, selbständig oder begleitend) ist einzuplanen und bildet einen eigenständigen Teil der Werkstatt. Ziel der Werkstatt ist zum einen eine szenische Gestaltung des „Sandmann" – unter Einbezug von Motiven, Passagen aus anderen Texten von E. T. A. Hoffmann, zum anderen eine stufengemäße Kenntnis der Romantik (Begriff und Epoche); laufende Informationen für die anderen Arbeitsgruppen erfolgen über eine Wandzeitung, die wichtigsten Resultate werden in einer Projektzeitung dokumentiert.

Wir arbeiten in vier Gruppen: Jede(r) schreibt sich für eine dieser Gruppen ein, hat aber – zu festgelegten Terminen – die Möglichkeit, aus Neigung oder Interesse die Gruppe zu wechseln. Zu Beginn der Werkstatt haben alle den „Sandmann" gelesen; ein weiteres Werk von E. T. A. Hoffmann muß in den ersten drei Wochen der Unterrichtswerkstatt gelesen werden.

Gruppenaufträge:

Gruppe 1: Mitarbeit als SpielerIn: Texterkundung, -erarbeitung und -darstellung mit den Mitteln des szenischen Spiels;

Gruppe 2: Zusammenarbeit mit Gruppe 1 in dramaturgisch-beratendem Sinn: Szenarien entwickeln, Konzepte erarbeiten, Improvisationsstenogramme schreiben, Szenentexte verfassen, aber auch Regie- und Coachfunktion übernehmen;

Gruppe 3: Mitarbeit im gestalterisch-medialen Bereich: Entwicklung von Raum- und Gestaltungskonzepten für die Gruppe 1, Erprobung von technischen Medien als Interpretationshilfen; Informationen über Malerei und Musik der Romantik;

Gruppe 4: Literatur- und Theoriegruppe: zusätzliche Texte lesen, Motivabklärungen treffen, literaturhistorische Zusammenhänge erforschen, dokumentieren und die Klasse darüber informieren (Referate, Unterlagen, Projektzeitung).

Die Gruppen arbeiten weitgehend selbständig im Klassenraum oder in der Bibliothek. Jede Gruppe stellt in einer ersten Phase eine Arbeitsplanung zusammen und legt diese vor. Die Bewertung der Arbeit der einzelnen Gruppen berücksichtigt nicht nur das Endergebnis, sondern auch das Verhältnis von Planung und Realisierung.

Phasen der Werkstattarbeit:
Die gesamte Werkstattarbeit gliedert sich in:
– eine Annäherungsphase: Brainstorming, erste Informationen zusammentragen, Spieltraining (ca. 6 Stunden);
– eine Experimentierphase: Erproben von Möglichkeiten und Alternativen, periodische Kontakte mit anderen Gruppen, Sprechstunden mit der Lehrkraft, Erarbeitung eines Gesamtkonzepts (8 bis 10 Stunden);
– eine Realisierungsphase: Inszenierung, Videoarbeit, Raumgestaltung, Dokumentation, Referate (ca. 24 Stunden).

Die einzelnen Gruppen müssen von der Lehrkraft in ausgeglichenem Maße und in gleichem Umfang betreut werden; es darf auf keinen Fall der Eindruck entstehen, daß eine Gruppe wichtiger ist als eine andere. Natürlich wird die Gruppe der SpielerInnen zu Beginn der Projektarbeit die meiste Hilfe brauchen (es sei denn, daß die betreffenden SchülerInnen bereits über eine große Spielerfahrung und über eine entsprechende Spielintelligenz verfügen).

SZENISCHE FORMEN **Befragungsformen** wie z. B. Landschaft der Fragen (Arbeitsvorschlag 20) oder die Figurengasse (Arbeitsvorschlag 13) liefern der Gruppe 4 eine erste Materialgrundlage für die Textinterpretation.

Gegenstandsimprovisation als Ausdruck von Nathanaels Realitätsverlust (vgl. Übung 14): Gegenstände im Raum werden nacheinander liebevoll angesprochen und beschimpft; sie verwandeln sich in der Vorstellung der Spieler, werden plötzlich viel größer, jagen den Spielern Angst ein, werden zu Erinnerungsfossilen von Nathanaels Kindheit.

Museumsspiel als Ausdrucksform der romantischen Ironie (vgl. Übung 8 und Arbeitsvorschlag 2): Sämtliche Spieler stehen als eine der Textfiguren statuenhaft im Raum (Hoffmann-Museum); sie lösen sich nacheinander aus ihrer Pose, beginnen die anderen zu kommentieren und nehmen daraufhin sofort wieder ihre Museumshaltung ein. Oder: Das Museumsspiel wird als Szenenübergang ins fertige Spiel eingebracht, der Autor (oder eben eine Art Showmaster, Museumsführer usw.) spricht, während die Figuren ihre Museumshaltung eingenommen haben oder evtl. für die nächste Szene herumgetragen werden, überleitende Kommentare. Die Illusion des Spiels wird damit unterbrochen.

Raumimagination (vgl. Arbeitsvorschlag 6): Die Spieler gehen (post mortem!)

1. in den jeweils „privaten" Raum der einzelnen Figuren (für Nathanael: sein Studierzimmer, für Spalanzani: seine Werkstatt, für Olimpia: der Ort, an dem sie ihre Tage verbringt);
2. in den Saal, in dem Olimpia zum ersten Mal in die Gesellschaft eingeführt und zum ersten Mal von Nathanael erblickt wird;
3. auf den Marktplatz am Fuß des Rathausturms.

Die Spieler teilen sich anschließend ihre individuellen Raumvorstellungen mit und geben diese auch den Gruppen 2 und 3 bekannt: Sie können unter Umständen ein wichtiges Hilfsmittel für die Dramaturgie und die Raumkonzeption sein.

Performance und Reihentechnik (Arbeitsvorschläge 10 und 16) zur Beziehung zwischen Klara und Nathanael: Die SchülerInnen der Gruppe 2 sind Coaches. Das Spiel soll solange fortgesetzt werden, bis die Beziehung zwischen Nathanael und Klara soweit wie möglich geklärt ist. Den Schülern muß man bei solchen Aktionen immer wieder Mut machen, auch Außergewöhnliches (scheinbar „Abwegiges") auszuprobieren: Nur wer den Rahmen des Konventionellen sprengt, kommt zu neuen Einsichten. Wenn man Olimpia nicht einfach als leblosen Automaten sieht, sondern als die „andere Frau" in Nathanaels Leben, der er verfällt, kann auch die Beziehung Klara-Olimpia (Rivalität zwischen zwei Frauen) eine interessante Performance ergeben.

Zitatenteppich: Vorgehen identisch mit dem Arbeitsvorschlag 18; wichtig ist in diesem Zusammenhang, daß alle mitmachen (auch die Mitglieder der anderen Gruppen sollen ihre Zitate einbringen können) und daß die Dramaturgiegruppe, falls das Resultat überzeugt, die Zitate sammelt und zu einer eigentlichen „Partitur" verarbeitet: Das kann im Endprodukt zu einer eindrucksvollen Szene werden: Nathanael, der einem Text ausgesetzt ist, was zur Quelle seiner Irritation wird.

– Solange du an ihn glaubst, ist er auch!
– Sköne Oke, sköne Oke!
– Nur dein Glaube ist seine Macht!
– Ach, mein herzgeliebter Nathanael!

Wer den Rahmen des Konventionellen sprengt, kommt zu neuen Einsichten

- Augen her, Augen her!
Nun, lieber Herr Nathanael, finden Sie Geschmack daran, mit dem blöden Mädchen zu konversieren?
- Nehmen Sie sich doch vor Taschenspiegeln in acht, die so häßlich lügen!
- Es gibt keinen Sandmann, mein liebes Kind!
- O schlafen Sie doch, recht sanft und süß!
- Sieh doch diesen sonderbaren kleinen grauen Busch, der ordentlich auf uns loszuschreiten scheint ...
- Oh Jemine, wie prächtig sich der Goldfasan schüttelt!
- Hui, hui, hui! Feuerkreis dreh dich! Schön Holzpüppchen dreh dich!

Improvisation mit optischen Geräten: Die Spieler (alle „sind" Nathanael) bekommen je ein optisches Gerät: ein Fernglas, ein Fernrohr, eine Lupe, eine Brille, ein Kaleidoskop, eine Kamera, einen Handspiegel ... Mit diesen Geräten nehmen sie die Welt und die anderen Figuren (d. h. die anderen Nathanaels) anders wahr als in der Wirklichkeit. Mit dem Blick durch die optischen Geräte sind die Grenzen von Zeit, Raum und Identität aufgehoben. Die optischen Geräte, welcher Art auch immer, sind „andere Augen". Die Nathanaels vermögen damit in andere Räume zu „sehen" (z. B. in die eigene Kindheit), die Dimensionen verändern sich (oben wird unten), die Phantasie überlagert die Wirklichkeit und verformt sie, das Phantom wird zur Wirklichkeit, die Wirklichkeit zum Phantom, jeder Nathanael nimmt den anderen wahr, was zur Aufspaltung der Person führt. Zum Vorgehen: Die Spieler improvisieren frei, die Coaches beobachten, notieren, machen neue Anregungen.

Nathanael als Doppelrolle: Aus verschiedenen Gründen besetze ich die Rolle Nathanaels durch zwei Schüler, einen Jungen und ein Mädchen, die immer gleichzeitig auftreten: Die Darstellung dieser Rolle ist durch eine(n) SpielerIn allein gar nicht zu leisten, und außerdem liegt in der Doppeltbesetzung eine Möglichkeit, die Gespaltenheit der Figur (den „chronischen Dualismus") auf einleuchtende Weise sichtbar zu machen: Der eine ist der Nacht-Nathanael (Träume, Phantasie, Übersteigerung, Gefährdung, Trauma), der andere der Tag-Nathanael (Wirklichkeit, Vernunft, Erklärbarkeit der Welt, Ratio usw.), der eine ist Olimpia-fixiert, der andere ist Klara-orientiert, dem einen ist die Kindheit ein nicht bewältigtes Trauma, der andere versucht die Welt sachlich zu sehen, zu erklären und zu bewältigen.

Die Doppeltbesetzung ermöglicht es auch, die narzißtische Selbstverfallenheit Nathanaels zu zeigen: Nathanael A steht vor dem Spiegel, Nathanael B ist sein Spiegelbild, das zunächst (das bekannte Spiegelspiel) normal funktioniert, sich aber plötzlich verselbständigt und die Initiative an sich reißt.

Oder auch: Nathanael A ist der Sprechende, Nathanael B der Handelnde. Schließlich: Nathanael A verkörpert das weibliche, Nathanael B das männliche Prinzip der Figur.

Erstaunlicherweise haben Zuschauer, falls es denn zu einer Aufführung kommt, kaum Probleme mit solchen Doppelbesetzungen, wenn es gewisse verbindende und einsehbare Gestaltungsmomente gibt: z. B. Identität der Kostüme, komplementäre Grundhaltungen, die jeweils zu Beginn oder zum Schluß einer Szene eingenommen werden. (Schüler neigen oft dazu, einen möglichen Zuschauer für dumm zu halten, dem man alles erklären und überdeutlich zeigen muß.)

Improvisationen zu Olimpias Automatenhaftigkeit: Alle Spieler „sind" Olimpia und erproben verschiedene Formen (einschließlich moderner Bezüge) für die Darstellung von Olimpia. Olimpia ist ja nicht einfach eine mechanische Puppe; sie verkörpert, obwohl seelenlos, eine Form von Perfektion und ist das Resultat des uralten Menschheitstraums vom „homme machine"; Vorbild aber auch von ewiger Jugend.

Bezüge zu heute könnte man also weniger im Roboter als in einer konsumorientierten und mediengesteuerten Figur sehen, in einer Figur, die in ihrem ganzen Verhalten fremdgesteuert und „gemacht" ist. Das eröffnet neue Möglichkeiten auch für die Sprache Olimpias: Anstatt sie nur „ach" und „oh" sagen und ab und zu seufzen zu lassen, kann man ihr einen ganzen Vorrat formelhafter Sätze geben: Sprachhülsen und Sprachblasen aus der Werbesprache, Fertigprodukte der Alltagskonversation. Oder man gibt der Olimpia – für alle Lebenslagen – den wundervollen Satz der Helen Sinclair aus Woody Allens Bullets over Broadway: „Don't speak."

Bezüge zur heutigen Alltagswelt durch Veränderung der Figurensprache

Coppelius/Coppola als heimlicher Regisseur: Coppelius (Coppola) ist die Verkörperung (Projektion?) des feindlichen Prinzips, das in Nathanaels Leben eingreift. Diese Tatsache kann man für eine szenische Gestaltungsidee nutzbar machen: Coppola tritt immer dann auf, wenn mit Nathanael etwas passiert, was seinen Realitätsverlust verstärkt. Er ist so etwas wie Nathanaels Schatten, die graue Eminenz des Geschehens. Oder aber: Coppola ist so etwas wie ein Marionettenspieler, der, an erhöhter Stelle stehend, Nathanael (die anderen Figuren auch?) an unsichtbaren Fäden führt und bewegt. Oder auch: Coppola hat, einem Voodoo-Priester vergleichbar, eine kleine Puppe in den Händen: Jede Bewegung, die er mit dieser Puppe durchführt, geschieht auch mit Nathanael.

Nathanaels Tod als Teichoskopie: Am Schluß der Novelle besteigt der scheinbar geheilte Nathanael den Rathausturm, von wo aus er durch ein Fernglas(!) Coppola sieht/zu sehen glaubt, worauf er zunächst Klara vom Turm stürzen will, sich aber dann selbst in die Tiefe stürzt. Was da auf dem Turm geschieht, treibt die Leute auf dem Marktplatz zusammen: Das ist eine ideale Voraussetzung, dieses Geschehen als Teichoskopie darzustellen. Was auf dem Turm (verdeckt) geschieht, wird von den Umstehenden mit zunehmender Nervosität kommentiert. Ein Schrei signalisiert den Moment, da Nathanael auf den Platz stürzt – black out.

Es mag makaber klingen, kann aber eine zusätzliche Dimension des Textes sichtbar machen: Nach einigen Momenten der Dunkelheit geht das Licht wieder an, und man sieht einen Straßenarbeiter den Platz kehren; er erzählt, daß hier vor Jahren ein unglücklicher junger Mann auf schauderhafte Art zu Tode gekommen sei. Schließlich zieht dieser Arbeiter seine Mütze ab – es ist Coppola.

ARBEIT DER DRAMATURGIE-GRUPPE

Man macht immer wieder die Erfahrung, daß Schüler ein ganz realistisches Theaterverständnis haben. Sie wollen eine Story, sie neigen dazu, eine Erzählung wie den „Sandmann" ganz einfach zu segmentieren und die einzelnen Portionen möglichst wirklichkeits- und textgetreu auf die Bühne zu bringen. Daß das Theater eigene Gesetze hat, eine eigene Ikonographie, daß es Außenwelt und Innenwelt zeigt, muß den Schülern erst einmal bewußtgemacht werden.

Theater hat eigene Gesetze: Richtlinien für die Arbeit

Damit die Arbeit nicht in eine falsche Richtung geht, in der nachträgliche Korrekturen kaum mehr möglich sind, kann man mit der Dramaturgie-Gruppe die folgenden Richtlinien absprechen:

1. Die Qualität einer Dramatisierung ist nicht gleichzusetzen mit Texttreue. Sie besteht nicht in der 1:1-Umsetzung der Textvorlage. Es wäre falsch, den Text einfach zu segmentieren und daraus Szenen zu machen.
2. Die Dramatisierung muß das andere Medium (Theater) ausschöpfen, sie muß neue Einsichten und neue Zugänge eröffnen, neue Dimensionen des Textes aufzeigen. Deshalb muß man auch zu unkonventionellen (aber einleuchtenden) Veränderungen bereit sein.
3. Texte entstehen nicht am Schreibtisch, sondern in der experimentellen Arbeit und in der Improvisation.
4. Die Umsetzung auf die Bühne sollte nach Möglichkeit eine vollständige sein. Kommentatoren (Erzähler) dürfen keine Krückenfunktion haben.
5. Szenische Vorgänge sind Visualisierungen: Der Gedanke wird Handlung, das Wort wird Gebärde, die Interaktion zum Raumproblem, Inneres wird sichtbar.
6. Alle Einfälle erproben, keine Schere im Kopf haben! Manchmal sind die ersten Einfälle auch die besten, weil sie nicht (selbst-)zensiert sind.

MEDIALE GESTALTUNG

Das Neben-, Mit- und Übereinander von Fiktion und Wirklichkeit, von Wahrnehmung und Täuschung, das ja ein Hauptmotiv im „Sandmann" darstellt, kann mit dem experimentellen Einsatz von technischen Geräten unterstützt und verdeutlicht werden:

Technische Mittel als Interpretationsformen

– Über einen oder mehrere Monitore, die auf der Bühne stehen, oder über eine Video-Großprojektion können Handlungselemente verfremdet oder ergänzt werden: Was auf der Bühne geschieht, wird live und aus einer anderen Optik (z. B. von oben) auf dem Monitor gezeigt. Oder auf den Monitoren werden Träume gezeigt oder Abläufe, die gleichzeitig in einem anderen Raum vorkommen. Oder es wird ein Motiv gezeigt, das in der Novelle von zentraler Bedeutung ist, z. B. das Augenmotiv.

– Schattenspieleffekte mit Overhead: Instrumente, Werkzeuge, die auf den Projektionstisch gelegt werden, erscheinen übergroß auf der Leinwand, vor der Nathanael steht, und werden als Bedrohung erlebt.

– Diaprojektionen auf Körper (hautfarbene oder weiße Kleidung, schwarzer Hintergrund): Diaaufnahmen vom Räderwerk einer Uhr oder vom Inneren eines Computers können – für jeweils kurze Momente – auf den Körper von Olimpia projiziert werden, auf diese Weise kann die Automatenhaftigkeit deutlicht gemacht werden.

Büchner: Woyzeck und Leonce und Lena

Im folgenden Vorschlag für ein Unterrichtsprojekt geht es um den Versuch, „Woyzeck" und „Leonce und Lena" als zwei Seiten einer gesellschaftskritischen Position zu begreifen, die Parallelen, Interferenzen und Komplementaritäten zwischen den beiden Texten zu erkennen und beide zu einem „Stück" (zu einer lockeren Szenenfolge) zu verschmelzen.

Parallelen, Interferenzen und Komplementaritäten zwischen zwei Stücken

Das eine ein beinahe dokumentarisches Stück über einen Kriminalfall, das andere eine als Märchen aufgemachte Politsatire: Beim näheren Hinsehen erweisen sich die beiden Stücke aber als gar nicht so gegensätzlich; die Welt des einen bedingt die des anderen. Da gibt es „die da oben", Saturierte, die wunschlos glücklich, aber von dämonischer Langeweile besessen sind – und da gibt es „die da unten", Leute, die sich abstrampeln, wunschlos unglücklich und sprachlos sind und die nicht wissen, wie sie die simpelsten Dinge des Lebens meistern sollen.

Was aber die Figuren beider Stücke gemeinsam haben: Sie sind einer Kraft ausgeliefert – man mag sie Fatum, Schicksal, Fügung oder ganz einfach lächerlichen Zufall nennen –, die souverän über sie verfügt: „Was ist das, was in uns hurt, lügt, stiehlt und mordet?" Der Soldat Woyzeck, der Marie umbringt, und der Prinz Leonce, der der Prinzessin Lena um so sicherer in die Arme rennt, je mehr er sie meiden oder vor ihr fliehen möchte: beide sind Marionetten, der Unterschied besteht lediglich im Standard – de luxe beim Prinzen, Zwischendeck bei Woyzeck.

DRAMATURGISCHE PRINZIPIEN

Man kann für dieses Vorhaben die Klasse in zwei Abteilungen („Woyzeck"-Gruppe und „Leonce und Lena"-Gruppe, mit Spielern und Coaches in jeder der beiden Gruppen) unterteilen und sie auffordern, zu Beginn und als Einstieg einfach einmal – in der Art des Museumsspiels – die andere gesellschaftliche Gruppe zur Kenntnis zu nehmen: Die „Woyzeck"-Gruppe nähert sich in unkritischer Ehrfurcht (man kann entsprechendes im „Hessischen Landboten" nachlesen) dem Hof König Peters, staunt einfach, flüstert verhalten und will ja nicht auffallen. Die „Leonce und Lena"-Gruppe dagegen nähert sich den „Woyzeck"-Menschen ganz im Stil von Zoobesuchern: Da gibt es Außerordentliches zu bewundern, man glotzt, man staunt, man amüsiert sich und empfindet fast einen Nervenkitzel bei der Betrachtung von soviel Fremd- und Andersartigkeit. Die in den anschließenden konkreten Spielanregungen aufgeführten Szenen basieren auf den folgenden dramaturgischen Prinzipien:

Parallelität

Auf beiden Ebenen laufen thematisch oder inhaltlich verwandte Szenen ab, z. T. mit stilistischem Kontrast, z. T. komplementär, und zwar nacheinander oder gleichzeitig, evtl. auch in Schnittechnik.

Kausalität

Das Geschehen auf der einen Ebene ist die Voraussetzung für das Geschehen auf der anderen; z. B. der stupide Absolutismus auf der „Leonce und Lena"-

Ebene ist nicht denkbar für die resignierte Unterwürfigkeit auf der „Woyzeck"-Ebene.

Verknüpfung   „Woyzeck"-Figuren erscheinen auf der Hof-Ebene (z. B. der Tambourmajor) als subalterner Befehlsempfänger und als lächerliche Gestalt am Hof des Königs, – oder Figuren, die eigentlich auf der Hof-Ebene anzusiedeln sind (z. B. der Doktor) steigen herab („lassen sich herab") in die „Woyzeck"-Niederung.

Froschperspektive, Zoo, Voyeurismus   Die Figuren aus „Leonce und Lena" sind – gewollt oder ungewollt – Zuschauer der „Woyzeck"-Handlung. Umgekehrt: „Woyzeck"-Figuren bewundern den Hof und die Leute am Hof ohne eine Spur von Willen zum Umsturz: „Wir arme Leut ..."

Zusatz- und Leitfiguren
– Ein Leierkastenmann, aus der Figur des Andres entwickelt, der im Moritatenton das Geschehen eher resigniert, unterwürfig und schicksalsergeben kommentiert;
– der Hessische Landbote als revolutionäre Stimme und als auftretende Person: ein Gefangener am Hof des Königs. So wie andere Könige sich einen Papagei halten, hält sich König Peter einen Vorzeigegefangenen, der seine revolutionären Reden halten darf, den aber niemand ernst nimmt: Kokettieren mit revolutionären Ideen als königliches Amüsement;
– Magreth (vgl. Woyzeck, Szene 1 der Lesefassung) als Gegenspielerin der Marie: Sie ist die, die Woyzeck auch geliebt hat, die den Tambourmajor auch als Geliebten möchte, die aber neben Marie keine Chance hat;
– der Zeremonienmeister, der in Teichoskopie-Technik das Geschehen auf der „Woyzeck"-Ebene für die Leute vom Hof übersetzt und kommentiert.

In den nachfolgenden Spielanregungen richten sich die Angaben (Szenennummern) nach der Zählung der Münchner-Ausgabe von 1988 (dtv): W für „Woyzeck" (Lesefassung) und LL für „Leonce und Lena".

Wo kein Raumproblem besteht, kann man, als Trainingsgrundlage, den beiden Gruppen Materialvorgaben machen: Die „Woyzeck"-Gruppe arbeitet in einem Raum mit einem Berg von alten Autoreifen. Da ist kein Schritt berechenbar – und jeder tut weh, schon das Gehen bringt einen außer Atem. Ganz anders die „Leonce und Lena"-Gruppe: Sie arbeitet in einem Raum, der mit Schaumgummipolstern ausgelegt ist. Jeder Schritt ist berechenbar, und keiner tut weh.

PARALLELITÄT   **Wo, bitte schön, ist das Leben?**
Prinz Leonce, der auf einer Bank liegt und über den Müßiggang nachdenkt („Die Bienen sitzen so träg an den Blumen ...; LL I, 1); der Soldat Woyzeck, der für seinen Hauptmann Stecken schneidet und dabei von seinen Halluzinationen spricht (W 1), und Marie, die vor dem Spiegel steht und die Ohrringe an-

zieht, die ihr der Tambourmajor geschenkt hat (W 4): Das sind drei Textausschnitte, Initiationstiraden, in denen die drei Figuren ihre jeweilige „condition humaine" zum Ausdruck bringen und mit denen man vielleicht ein erstes Mal deutlich machen kann, daß da nacheinander drei verschiedene Perspektiven einer gesellschaftlichen Realität eingeblendet werden. Man kann, um diesen Aspekt zu verdeutlichen, diese Texte gleichzeitig an drei verschiedenen Stellen der Spielfläche (eine Art lebendiges Museum) spielen oder – um eine andere Idee Büchners aufzugreifen – durch den Ausrufer (W 3; mit entsprechend angeglichenem Text) kommentieren lassen.

VERKNÜPFUNG | **Da setz einmal einer seinsgleichen auf die Moral in der Welt.**

In LL I, 2 wird König Peter in einem satirischen „Lever du Roi" angekleidet, während er seine abstruse Philosophie entwickelt und seine Moral darlegt; in W 5 rasiert Woyzeck seinen Hauptmann, der ebenfalls philosophiert, über Moral nachdenkt („Moral, das ist, wenn man moralisch ist") und Woyzeck Vorhaltungen macht, weil er angeblich nicht moralisch sei. Woyzeck: „Sehen Sie, wir gemeine Leut, das hat keine Tugend."

Da bietet sich eine Verschmelzung der beiden Szenen an: Man läßt Woyzeck, anstatt den Hauptmann zu rasieren, irgendwelche demütigenden Arbeiten in der Ankleideszene von König Peter verrichten (schmutzige Wäsche wegtragen, Nachttöpfe leeren, den König lausen, ihm den Hintern putzen ...) – und gibt dem König Peter ein paar zusätzliche Sätze des Hauptmanns: „Langsam, Woyzeck, langsam; eins nach dem anderen ..."

Noch abstruser wirkt dieses „Lever du Roi", wenn man gleich das ganze LL-Personal auftreten läßt: den Hofrat, den Hofprediger, Rosetta (oder mehrere Rosettas als Harem von König Peter und Prinz Leonce) usw. Woyzeck muß alle gleichzeitig bedienen, er wird herumkommandiert, alle amüsieren sich über seine Unterwürfigkeit und seine Tolpatschigkeit – und ein Zeremonienmeister kann (Text des Ausrufers aus W 3) das ganze kommentieren: „Meine Herren, sehen Sie die Kreatur, wie sie Gott gemacht hat, nix, gar nix. Sehen Sie jetzt die Kunst, geht aufrecht, hat Rock und Hosen, hat ein Säbel. Mach Kompliment! So ist brav. Gib Kuß!'"

PARALLELITÄT | **Es ist ein sonderbar Ding um die Liebe**

In einer schnellen Schnittechnik wird das Thema Liebe in kontrastierender Form gezeigt und dabei verdeutlicht, in welchem Maße auch die Liebe gesellschaftlichen Bedingungen unterworfen ist. Auf der LL-Ebene werden Ausschnitte aus der Rosetta-Szene gezeigt: eine erotische Tändelei, ein bloßes Spiel, wie mit Puppen, und ein mit erotischen Lyrismen angereicherter, selbstgefälliger, melancholischer Monolog Leonces: „O, eine sterbende Liebe ist schöner als eine werdende (...) bei dem köstlichen Mahle spielen zum Dessert die goldenen Fische in ihren Todesfarben." (LL I, 3)

Auf der W-Ebene sieht man Marie die Ohrringe anprobieren; der Tambourmajor kommt: keine Spur von erotischer Tändelei, keine Zärtlichkeit, nicht mal

Sequenzen zu einem Thema

ein Ansatz von Liebe, nur kurzer, brutaler Sex: „Wir wollen eine Zucht von Tambourmajors anlegen. He! – – Meinetwegen, es ist alles eins." (W 6)

ZOO Die in der angedeuteten Form miteinander verknüpften Szenen (Partitur!) können noch mit Kommentaren ergänzt werden:

Der Zeremonienmeister kommentiert die Begegnung Marie/Tambourmajor für die Hofgesellschaft mit den Worten des Ausrufers aus dem „Woyzeck": „Achtung, Sie sehen jetzt das commencement vom commencement. Das ist der Fortschritt der Zivilisation. Der Mann hat eine schöne Uniform, hat Quasten. Los, zeig dein Talent, zeig deine viehische Vernünftigkeit ... Sehen sie, das Individuum ist noch Natur, unverdorbene Natur." (W-Entwürfe)

Oder Valerio kann über mögliche Folgen der Liebe spötteln: „Man kommt leichter zu seiner Erzeugung als zu seiner Erziehung ..." (LL I, 3)

PARALLELITÄT **„O Gott, ich könnte lieben, warum nicht". – Drei Frauen denken über die Liebe nach**

Ähnlich wie bei der Gegenüberstellung Woyzeck – Leonce können Marie und Lena mit ihren jeweiligen Texten gegenübergestellt werden. Lena spricht in ihrer romanhaften und romantischen, leicht kitschigen Form über die Liebe: „O Gott, ich könnte lieben, warum nicht. Man geht ja so einsam und tastet nach einer Hand, die einen hielte ..." (LL I, 4). Und Marie, geplagt von Skrupeln nach der Begegnung mit dem Tambourmajor, sucht in der Bibel nach Rechtfertigungssätzen für ihr Tun: „... aber die Pharisäer brachten ein Weib zu ihm, im Ehebruche begriffen ..." (W 16).

ZUSATZFIGUR Als dritte Position kann man hier einen Text für Margreth, die Gegenspielerin (Rivalin) Maries, entwickeln und festlegen: Sie schreckt aus dem Schlaf auf, denkt über Marie nach, die jetzt (in Margreths Phantasie) in den Armen des Tambourmajors liegt, sie spricht mit der Puppe, die sie in der Hand hält (als Ersatz für das Kind, das sie sich wünscht). – Ein Beispiel aus der Arbeit mit Schülerinnen:

> Margreth (*hält die Puppe in der Hand*): Du bist schön Marie, du weißt, daß du schön bist. Ohrringe hast du – die hat dir der Tambourmajor geschenkt, nein, nein, ich weiß, daß er sie dir geschenkt hat, ich habs gesehen. Du hast ihm schöne Augen gemacht. Das hast du schon immer gekonnt, schöne Augen machen. Du hast den Tambourmajor zu dir gelockt, er hat seine starken Arme um dich gelegt, er hat dich genommen, so! Hure! Du bist eine Hure, und ich hasse dich. (*wirft die Puppe weg, holt sie aber gleich wieder, summt ein Wiegenlied*) Weine nicht, mein Kleines. Du bist so klein, so hilflos. Komm, lächle. Hoppe hoppe Reiter, fällt er hin ... (*sinkt wieder in Schlaf*).

Wenn man die Figur der Margreth wirklich als Gegenspielerin von Marie ins Spiel einbringen will, was eine zusätzliche Perspektive ergibt und eine interessante Aufgabe darstellt, wird man nach weiteren Auftrittsmöglichkeiten dieser Figur suchen müssen; Beispiele:

– Die Szene (W 3), in der die Ohrringe entdeckt werden, kann ohne Textveränderung als Begegnung zwischen Margreth und Marie gespielt werden. Der Anblick der Ohrringe stachelt ihre ganze Eifersucht an.
– In der Wirtshausszene nach dem Mord (W 22) kann Margreth die Rolle der Käthe übernehmen: Sie hat lange auf Woyzeck gewartet, jetzt, nachdem Marie tot ist, hat sie ihn ganz für sich ...

VERKNÜPFUNG **Die Wirtshausszenen**

Von Ahnungen geplagt und von Eifersucht getrieben, geht Woyzeck ins Wirtshaus, wo er Marie mit dem Tambourmajor tanzen sieht. Und: In einem Wirtshaus im fernen Italien, wohin sie beide – ohne voneinander zu wissen und ohne sich zu kennen – geflohen sind, lernen sich Leonce und Lena kennen und lieben ...

Natürlich sind das ganz verschiedene Wirtshäuser, aber mit einer einfachen Veränderung läßt sich das kombinieren: Leonce und Lena fliehen aus ihrer höfischen Welt, aber sie gehen nicht ins Aussteigerparadies des 19. Jahrhunderts, nämlich Italien, sondern sie tauchen unter, mischen sich inkognito unters einfache Volk. Das eröffnet eine ganze Reihe von neuen Möglichkeiten.

Am gleichen Ort, im gleichen Wirtshaus nämlich treffen Leonce und Lena aufeinander, ohne voneinander zu wissen; sieht Woyzeck Marie mit dem Tambourmajor tanzen; hält die etwas angeheiterte Gouvernante eine Rede über den Menschen (Rede des Handwerksburschen aus W 11); schlägt der vom Schnaps mutig gemachte Tambourmajor Woyzeck zusammen ...

Und am gleichen Ort fangen nun zwei gegensätzliche Mechanismen an zu spielen: der Mechanismus der Liebe zwischen Leonce und Lena, „durch Zufall einander zugefallen" – und der Mechanismus der Rache bei Woyzeck „Stich, stich die Zickwolfin tot. Soll ich? Muß ich?". Und um den Zynismus dieser Gegenüberstellung konträrer Entwicklungen noch größer zu machen, wird alles unter das Motto eines Satzes gestellt: „Weißt du auch, daß selbst der Geringste unter den Menschen so groß ist, daß das Leben noch viel zu kurz ist, um ihn lieben zu können?" (LL III, 1)

Das Warten auf das königliche Paar (LL III, 2)
Man ersetzt den Schulmeister durch den Tambourmajor und läßt alle „Woyzeck"-Figuren Spalier stehen: Schon ist eine weitere Verknüpfung zwischen beiden Stücken gegeben. Sie bekommt eine zusätzliche Dimension dadurch, daß der Tambourmajor alle Figuren, allen voran aber Woyzeck, mit Duldung vom Hofe schikanieren und daß er allen zeigen kann, daß Marie seine ganz besondere Protektion hat ...

KAUSALITÄT **Das Zeremoniell und der Mord**
Nirgends vermutlich tritt der gesellschaftlich bedingte Gegensatz zwischen den beiden Stücken schärfer hervor, als wenn man die Szene von der Ankunft Leonces und Lenas bei Hofe und die Mordszene miteinander kombiniert. Die Hofszene – laut, mit festlicher Musik und vielen hohlen Worten, eine Gesellschaft, die sich selbst feiert – und die Mordszene, vielleicht ganz nebenbei, abseits, praktisch tonlos und ganz unpathetisch: eine Gesellschaft, die, weil sie keine andere Wahl mehr hat, sich selbst liquidiert.

Und als Nachklang dazu: Leonce, inzwischen zum König avanciert, verkündet sein Regierungsprogramm, in dem die Zeit aufgehoben und eine Art Schlaraffenparadies etabliert wird: „Wir lassen alle Uhren zerschlagen, alle Kalender verbieten, wir zählen Stunden und Monde nur nach der Blumenuhr ..."(LL III, 3), während auf der anderen Ebene ein unaufhaltsamer Countdown läuft: Woyzeck sucht das Messer, das ihn verraten könnte (W 23).

Anregungen für fächerübergreifenden Unterricht

In diesem abschließenden Teil des Kapitel V geht es darum, Anregungen zu geben, szenische Verfahren fächerübergreifend einzusetzen und in besonderer Funktion auszuprobieren: als Lernkontrolle oder zur Prüfungsvorbereitung.

POLITISCHER UNTERRICHT

Peter Weiss: Der Gesang vom lusitanischen Popanz
Ich halte den „Gesang vom lusitanischen Popanz" für eines der ganz wichtigen Stücke von Peter Weiss – ein Paradebeispiel für politisches Agitproptheater, das mit hohem dramaturgischen Sachverstand geschrieben ist: aggressiv, anklägerisch in der Grundhaltung, parteilich, aber menschlich und sensibel in der Parteinahme für die Verfolgten und Rechtlosen, mal lyrisch, mal dokumentarisch, mal kabarettistisch.

Der einzige Nachteil, den das Stück hat: Man kann es heute nicht mehr spielen, weil es das politische Problem, das beschrieben und angeklagt wird, gar nicht mehr gibt: die portugiesische Kolonialpolitik in Angola zur Zeit des Diktators Salazar – ein Beispiel für imperialistische Politik mit Zustimmung und Segen von Kirche und Kapital. Aber gegen ein Phantom kann man nicht Agitproptheater machen ...

Was man aber kann: das Stück, so wie es ist, mit einer Klasse lesen, das politische Problem aufarbeiten – und im Geschichtsunterricht/politischen Unterricht nach Problemfeldern, Krisenherden usw. suchen, in denen das Stück neu angesiedelt werden kann. Es ist erstaunlich – nur weniges muß verändert werden, und das Stück wird plötzlich hochaktuell. Man spielt dann nicht mehr den „Gesang vom lusitanischen Popanz", sondern den vom „europäischen Popanz". Um Themen wird man nicht verlegen sein; die tägliche Zeitungslektüre bietet sie gleich im Multipack an:

Mit wenigen Veränderungen kann ein Stück hochaktuell werden

1. Verschuldung der Dritten Welt; Billiglöhne, Extreminflation, Verarmung, sinkender Lebensstandard, Hunger;
2. multinationale Konzerne, Monokulturen, Ausbeutung von Ressourcen, Klimaveränderung;
3. Flüchtlingsströme, Asylproblem, neue Grenzen;
4. Zivilisationsimport, Kolonialtourismus, Dritte Welt als globale Müllhalde;
5. Connections: Waffen, Öl, Drogen und Finanzen;
6. Bevölkerungsexplosion, Seuchen, Aids (Haltung der Kirche);
7. Entwicklungshilfe und Entwicklungsbehinderung;
8. Initiativen in der Dritten Welt und deren Behinderung (z. B. Befreiungstheologie, Demokratiebewegungen usw.);
9. die Politik des Westens als eine Politik des Profits und der Sicherung des eigenen Standards;
10. neue Formen des Menschenhandels: Schwarzarbeit und Frauenimport aus der Dritten Welt;
11. moderne Formen der Sklaverei: Ausbeutung von Arbeitskräften und Ver-

stöße gegen die Menschenrechte (z. B. unter Verwendung des Lebensberichts von Rigoberta Menchù: Leben in Guatemala. Göttingen: Lamuv, 1983).

Als ein mögliches Beispiel der Bearbeitung ein Ausschnitt aus dem 1. Akt mit Bearbeitungsvorschlägen, die Schüler aufgrund eines Zeitungsberichts vorgenommen haben (siehe Seite 115).

ENGLISCH

Silvia Plath: Die Glasglocke (The Bell Jar)

Erbarmungslos, schonungslos und schmucklos erzählt Silvia Plath (1932 – 1963) in der „Glasglocke" die Geschichte einer jungen Frau (Esther), die auch weitgehend ihre eigene ist: die junge Frau, noch Schülerin an einem Provinzcollege, die in den Strudel einer alterstypischen Sinn- und Orientierungskrise (Identitätsprobleme, Schwierigkeiten in den Beziehungen zu den Eltern und den Geschwistern, Ablösung von zu Hause, erste Liebe, erste sexuelle Wunschvorstellungen und Erlebnisse, Auseinandersetzung mit dem Tod) gerät, mehrere Selbstmordversuche unternimmt und schließlich in eine psychiatrische Klinik eingeliefert wird.

Man mag angesichts der dominanten Stellung der Suizidproblematik gewisse Bedenken haben und sich fragen, ob die Lektüre des Romans und die Auseinandersetzung damit wirklich geeignet sei. Auf der anderen Seite hat der Roman eine Fülle von Themen, die für Gymnasiasten nun wirklich zentral sind, und antizipiert eine Reihe von Fragen, Problemen und Lebenssituationen, die in der Adoleszenz von großer Bedeutung sind.

Wichtig ist, daß eine Schülerin, ein Schüler mit den Problemen der „Glasglocke" nicht allein gelassen und daß die Problembereiche gemeinsam diskutiert werden: den Roman in der Klasse lesen, einzelne Themenbereiche herausarbeiten und diese – unter Verwendung von Originalzitaten, evtl. mit Zusätzen aus den verschiedenen Biographien, die es über Silvia Plath gibt, oder mit Zusätzen aus ihren Gedichten – zu Szenen umformen lassen. Wichtige Themen sind:

– Ich und die anderen: Elternhaus, Geschwister, Kindheitserinnerungen, Freunde und Freundinnen, Schule, Zukunftserwartungen;
– Wer bin ich? Alleinsein, Isolation, Suche nach einer eigenen Identität, Frage nach dem Lebenssinn, Ängste, das Leben unter der „Glasglocke";
– erste Liebe, Beziehungen, Partnerschaft, Sexualität;
– Todesvorstellungen, Todeswünsche, Todesangst, Selbstmord;
– Ehe, Schwangerschaft, Mutterschaft.

LERNKONTROLLE

„Die Nacht vor der Prüfung"

Ich schließe diese Darstellung mit der etwas übermütigen und mutwilligen Anregung, szenisches Spiel als Lernkontrolle, Repetitorium oder zur Prüfungsvorbereitung einzusetzen. Das folgende szenische Arrangement dient dabei als

Da ist ein Stück Boden
auf dem afrikanischen Kontinent
da pflanzen wir ~~Erdnüsse~~ ⊢—⊣ Mais

Wie pflanzt ihr ~~Erdnüsse~~ ⊢—⊣ Mais

Das ist der Hof des Farmers
Samuael Manguende

~~Mit einem Zweig~~
graben wir Rillen
in die trockene Erde

Mit den Zehen
bohren wir Löcher
~~in die Rillen~~

Den kargen Boden
der ausgelaugt ist
vom Maisanbau früherer Jahre
pflügen wir
mit einem Traktor
aus Europa

~~In die Löcher~~
legen wir den Samen

In die Furchen legen wir
das Saatgut aus Europa

Jetzt warten wir
auf den Regen
daß uns Erdnüsse wachsen

Doch wenn der Regen
nicht kommt
haben wir keinen Ertrag

Auf diesem Stück Boden
des 30 Millionen Quadratkilometer
großen afrikanischen
~~Kontinents~~

In dem Dorf Dombshava
in Zimbabwe
unweit der Hauptstadt Harare

Wenn der Eingeborene Geld aufbringt
~~um sich Land zu erwerben~~
dann muß er sich verpflichten
das Land nach der Vorschrift
zu bebauen

das Saatgut zu kaufen

Wie ist die Vorschrift

Er muß ~~das Land bebauen so~~
wie er es vom Experten lernt
Wenn er die Qualifikation erhält
mit der Bezeichnung Modell J
~~dann steht das Land ihm zu~~

Kunstdünger und Pestizide
in den Boden einbringen
in der vorgeschriebenen Menge

~~Wie erreicht er die Qualifikation~~

Wer gibt ihm die Anweisung

~~Wenn er ein Kaffeepflanzer ist~~
muß er 5000 Bäume aufweisen
Geringere Zahlen machen ihn
~~noch nicht zum Landbesitzer~~

Und wenn ~~es ihm nicht gelingt~~
~~5000 Bäume anzubauen~~

Die Firma Ciba-Geigy, die ihm
Saatgut, Kunstdünger und Pestizid
als Paket verkauft
das Kohwa Pakura heisst

er eine Missernte hat

Dann wird ~~das Land~~
~~ihm weggenommen~~

er verpflichtet
genmanipuliertes Getreide zu kaufen

Und wenn er ~~5000 Bäume angebaut hat~~
darf er dann auf seinem Land bleiben

dieses Getreide angebaut hat

~~Er darf 6 Monate im Jahr~~
auf seinem Boden bleiben
Dann kann auch er herangezogen werden
wenn der Bedarf an Arbeitskräften
~~es erfordert~~

Dann fallen die Preise zusammen
weil zuviel Mais produziert wird
und er kann das Saatgut nicht mehr bezahlen

Und wenn er ~~zurückkommt~~

nicht bezahlen kann

Dann ~~haben unsre eigenen Pflanzer~~
aus leicht verständlichen Gründen
der Nationalökonomie
~~die Pflanzung übernommen~~

garantiert ihm Ciba-Geigy
einen Arbeitsplatz an Landarbeiter
bis er seine Schulden bezahlt hat

(Quelle: Tagesanzeiger Zürich, 16.9.91)

Ausgangslage: Der Schüler NN liegt im Bett und träumt von einer bevorstehenden Prüfung. Figuren aus einem Text oder aus verschiedenen Texten oder auch aus dem Lektüreprogramm fürs Abitur treten in seinen Träumen und (Angst-)Vorstellungen auf: Sie schlüpfen aus den Büchern, kriechen unter dem Bett hervor, wickeln sich aus den Teppichen und bevölkern seine Träume. Gleichzeitig, im Off gesprochen, als Geräuschkulisse über Lautsprecher oder Megaphon geflüsterte Fetzen von Prüfungsstoff aus anderen Fächern: mathematische und naturwissenschaftliche Formeln, Geschichtsdaten und statische Angaben zur Erdkunde, Paradigmen fremdsprachiger Verben. Der inzwischen wachgewordene oder schlafwandelnde Schüler NN tritt an sein Schreibpult und ordnet Notizen oder findet etwas ganz Wichtiges nicht mehr. Ende der Szene: das totale Chaos der auftretenden Figuren, eine Art Hexensabbat, oder das friedliche Verschwinden, Einschlafen der Figuren. Oder auch, wie am Schluß von Patrick Süßkinds „Parfüm": Die Figuren machen sich über den armen NN her – und fressen ihn auf. Am Tag der Prüfung ist er sich selber abhanden gekommen.

Für diese Figuren, die im Traum von NN auftreten, können verschiedene Aktionsformen vorgesehen werden:

– Die Figuren sprechen ihren inneren Monolog – und wissen plötzlich nicht mehr weiter; sie träumen ihre Figurenträume oder sie wiederholen manisch eine bestimmte Textstelle.
– Sie rebellieren gegen das jährlich sich wiederholende Schicksal, Prüfungsstoff zu sein, immer wieder die gleichen Fragen und die gleichen Antworten hören zu müssen; sie geben NN einige gute Tips für die Prüfung.
– Sie rebellieren gegen ihre Autoren, gegen ihre Geschichte und erproben im Traum, was sie zwischen den Buchdeckeln, auf der Bühne und in der Schule noch nie haben machen dürfen.
– Sie treten mit Figuren aus anderen Texten in Interaktion und erfinden mit ihnen eine neue Geschichte.
– Sie werden plötzlich zu Projektionen des Träumers: erweisen sich als traumverwandelte Lehrer, Mitschüler, Eltern ...

Auch wenn man spielerisch mit diesen Figuren umgeht, wilde Phantasien entwickelt und der Figur eine ganz andere „Geschichte" gibt: Ein Repetitorium ist es auch dann – und es macht den Schülern, gerade in Prüfungszeiten, viel Spaß.

Und die Schüler, die nicht mitspielen wollen? Sie sind Berater der Spielwilligen. Was dann zwischen dem Spieler und seinem Berater abläuft, nennt man sonst, in der Alltagssprache, Prüfungsvorbereitung.

Notengebung beim szenischen Spiel im Literaturunterricht

Fragebogen und Auswertung

Der vorliegende Fragebogen wurde im Herbst 1994 an zwölf verschiedenen Schulen und Institutionen in der Schweiz und in Deutschland vorgelegt und bearbeitet. Dabei wurden befragt:

Schülerinnen:	79
Schüler:	38
Lehrerinnen:	64
Lehrer:	44
insgesamt:	225

Fragebogen

Ort: ....

Schuljahr: .... **Geschlecht:** ....

---

1. Für mich ist der Einbezug des szenischen Arbeitens in die Notengebung für das Fach Deutsch

       ❏ sehr erwünscht   ❏ problematisch
       ❏ wünschbar   ❏ undenkbar

2. Die Benotung des szenischen Arbeitens würde

       ❏ mich vermutlich blockieren
       ❏ mein Verhalten unecht machen (Selbstzensur)
       ❏ ohne Einfluß auf mein Verhalten bleiben

3. Werten Sie die folgenden Dimensionen/Kriterien der Notengebung (mündliches Arbeiten) hinsichtlich ihrer Bedeutung und ihrer Machbarkeit (von 5 – 1)

Kriterium	Bedeutung	Machbarkeit
Phantasie/Kreativität: eigene Ideen entwickeln und umsetzen (Konzeptarbeit und szenisches Arbeiten)	5__4__3__2__1	5__4__3__2__1
Kooperationsfähigkeit/Inter-aktion (Initiativen aufnehmen und zuspielen)	5__4__3__2__1	5__4__3__2__1
Individuelle Arbeit an Figur und Rolle (Entwicklung, „innere Wahrheit" der Figur)	5__4__3__2__1	5__4__3__2__1
Gattung Theater: Fähigkeit, in szenischen und dramaturg. Kategorien zu denken und zu handeln	5__4__3__2__1	5__4__3__2__1
Literarische Dimension: Um-setzung von Textkenntnis Erwerb von Texteinsicht	5__4__3__2__1	5__4__3__2__1

4. Die Notengebung im szenischen Spiel sollte aufgrund von schriftlichen Arbeiten ermittelt werden

❏ gleichbedeutend neben den „mündlichen" Noten
❏ ausschließlich

5. Diese schriftlichen Arbeiten sollten

❏ in der konkreten Arbeit entstehen: Szenentexte, innere Monologe, andere fiktionale Texte

❏ die Arbeit mit dem Konzept dokumentieren (Konzeptpapiere/ Szenarien/Regiebücher)

❏ die Auseinandersetzung des einzelnen mit der szenischen Arbeit dokumentieren (Protokolle, Erfahrungsberichte, Tagebücher, Artikel für eine Projektzeitung usw.)

❏ ähnlich wie eine Literaturprüfung die Textkenntnis (unter Berücksichtigung der spezif. Formen des szenischen Arbeitens) prüfen;

❏ die Transferfähigkeit prüfen (Übertragung der im szenischen Arbeiten erworbenen Fertigkeiten u. Erkenntnisse auf andere Texte/Problemfelder).

6. Persönliche Bemerkungen: ....
....
....

Auswertung des Fragebogens

	Schüler		Lehrer		Total
	w	m	w	m	

1. Einbezug des szenischen Arbeitens in die Notengebung für das Fach
   Deutsch

sehr erwünscht	27 %	18 %	22 %	25 %	24 %
wünschbar	33 %	24 %	52 %	39 %	38 %
problematisch	34 %	47 %	22 %	35 %	33 %
undenkbar	6 %	11 %	4 %	2 %	5 %

2. Die Folgen der Benotung des szenischen Arbeitens:

Blockade	36 %	25 %	43 %	37 %	36 %
Selbstzensur	21 %	41 %	6 %	18 %	20 %
ohne Auswirkungen	43 %	34 %	51 %	34 %	44 %

3. Auswertung von Frage 3 am Ende des Fragebogens (nach Frage 5)

4. Die Notengebung im szenischen Spiel sollte aufgrund von schriftlichen
   Arbeiten ermittelt werden

• gleichbedeutend neben den mündl. Noten	91 %	94 %	87 %	91 %	90 %
ausschließlich	9 %	6 %	13 %	9 %	10 %

5. Diese schriftlichen Arbeiten sollten

• in der konkreten Arbeit entstehen: Szenentexte, innere Monologe, andere fiktionale Texte	56 %	67 %	81 %	91 %	73 %
• die Arbeit mit dem Konzept dokumentieren (Konzeptpapiere/Szenarien/Regiebücher)	24 %	24 %	43 %	78 %	42 %
• die Auseinandersetzung des einzelnen mit der szenischen Arbeit dokumentieren (Protokolle, Erfahrungsberichte, Tagebücher, Artikel für eine Projektzeitung usw.)	53 %	36 %	62 %	88 %	62 %
• ähnlich wie eine Literaturprüfung die Textkenntnis (unter Berücksichtigung der spezif. Formen des szenischen Arbeitens) prüfen	12 %	33 %	47 %	42 %	32 %

- die Transferfähigkeit prüfen (Übertragung der im szenischen Arbeiten erworbenen Fertigkeiten u. Erkenntnisse auf andere Texte/Problemfelder

  43 %   63 %   64 %   67 %   64 %

Auswertung von Frage 3: Bewertung der verschiedenen Dimensionen/Kriterien der Notengebung (mündliches Arbeiten) hinsichtlich ihrer *Bedeutung* und ihrer *Machbarkeit* (von 5 – 1)
(Auswertung nicht in %-Zahlen, sondern nach dem jeweiligen Punkte-Durchschnitt (Maximum: 5,0 Punkte, Minimum: 1,0 P.)
Keine Differenzierung nach weiblich/männlich oder Schüler/Lehrer)

	Bedeutung	Machbarkeit
Phantasie/Kreativität	4.4	2.3
Kooperationsfähigkeit	3.9	2.7
Individuelle Arbeit an Figur und Rolle	3.8	3.0
Gattung Theater	3.2	2.7
Literarische Dimension	3.7	3.3

Literatur

A. Texte für den Unterricht

Ariès, Philippe; Duby, Georges (Hrsg.): Geschichte des privaten Lebens. 5 Bände, Frankfurt/M. 1992.

Birkner, Siegfried (Hrsg.): Das Leben und Sterben der Kindsmörderin Susanna Margarethe Brandt. Frankfurt/M.: Insel 1989.

Büchner, Georg: Werke und Briefe. München: Hanser 1988.

Euripides: Werke. Berlin/Weimar: Aufbau 1979.

Fleißer, Marieluise: Ingolstädter Stücke. Frankfurt/M.: Suhrkamp 1977.

Goethe, Johann Wolfgang: Urfaust. Stuttgart: Reclam 1987.

Hartmann von Aue: Der arme Heinrich. Frankfurt/M.: Fischer 1985.

Hoffmann, E. T. A.: Der Sandmann. Frankfurt/M.: Insel 1986.

Horváth, Ödon von: Gesammelte Werke. Frankfurt/M.: Suhrkamp 1970.

Ibsen, Henrik: Schauspiele. Hamburg: Hofmann und Campe 1977.

Kafka, Franz: Sämtliche Erzählungen. Frankfurt/M.: Fischer 1970.

Lessing, G. E.: Gesammelte Werke. Berlin: Aufbau 1952.

Menchù, Rigoberta: Leben in Guatemala. Göttingen: Lamuv 1983.

Plath, Silvia: Die Glasglocke. Frankfurt/M.: Suhrkamp 1968.

Plath, Silvia: Ariel, Gedichte. Frankfurt/M.: Suhrkamp 1974.

Plath, Silvia: Briefe nach Hause. München: Hanser 1979.

Weiß, Peter: Dramen, 2 Bände. Frankfurt/M.: Suhrkamp 1968.

B. Theoretische Grundlagen, Fachliteratur

Barthes, Roland: Kritik und Wahrheit. Frankfurt/M.: Suhrkamp 1967.

Barthes, Roland: Literatur oder Geschichte. Frankfurt/M.: Suhrkamp 1969.

Barthes, Roland: Der entgegenkommende und der stumpfe Sinn. Frankfurt/M.: Suhrkamp 1990.

Bolz, Norbert: Die Welt als Chaos und Simulation. München: Wilhelm Fink 1992.

Braunek, Manfred; Schneilin Gérard (Hrsg.): Theaterlexikon. Reinbek b. Hamburg: Rowohlt 1986 (3/1992).

Brook, Peter: Das offene Geheimnis. Frankfurt/M.: S. Fischer 1994.

Bubner, Claus; Mangold, Christiane: Schule macht Theater. Braunschweig: Westermann 1995.

Fischer-Lichte, Erika: Semiotik des Theaters, 3 Bände. Tübingen: Narr 1983.

Gadamer, Hans Georg: Grundzüge einer philosophischen Hermeneutik. Tübingen: 1965.

Gesellschaft für Theater-, Film- und Fernsehwissenschaft: Das darstellende Spiel an den Schulen, Teil A: Forschungsbericht. München 1992.

Hiss, Guido: Der theatralische Blick. Berlin: Reimer 1993.

Hoffmann, Hilmar (Hrsg.): Gestern begann die Zukunft; Entwicklung und gesellschaftliche Bedeutung der Medienvielfalt. Darmstadt: Wissenschaftliche Buchgesellschaft 1994.

Johnstone, Keith: Improvisation und Theater. Berlin: Alexander 1993.

van Kerkhoven, Marianne (Hrsg.): Grenzverletzungen (Border Violations). Theaterschrift 3. Brüssel: 1993.

Kott, Jan: Das Gedächtnis des Körpers. Berlin: Alexander 1990.

Kunz, Marcel; Marchetti, Alessandro: Arlecchino & Co. Zug: Klett+Balmer 1989.

Kunz, Marcel: Spielraum; Literaturunterricht und Theater, Zug: Klett+Balmer 1989.

Kunz, Marcel; Bertschi-Kaufmann, Andrea: Wenn Pippi Langstrumpf Robin Hood begegnet. Junge Erwachsene lesen und verarbeiten die Bücher ihrer Kindheit. In: Praxis Deutsch, Januar 1996.

Lenzen, Klaus-Dieter (Hrsg.): Theater macht Schule, Schule macht Theater. Frankfurt/M.: Arbeits-
kreis Grundschule e. V. 1990.

Lippert, Gerhard (Hrsg.): Theaterspielen in der Schule. Ein Fortbildungsmodell der Akademie für
Lehrerfortbildung Dillingen. Donauwörth: Auer 1992.

Scheller, Ingo: Wir machen unsere Inszenierungen selber; szenische Interpretation von Dramentex-
ten. Oldenburg: Zentrum für pädagogische Berufspraxis 1989.

Spinner, Kaspar: Neue und alte Bilder vom Lernenden; Deutschdidaktik im Zeichen der kognitiven
Wende. Bern: Beiträge zur Lehrerbildung, Jahrgang 12, Heft 2, 1994.

Spinner, Kaspar (Hrsg.): Imaginative und emotionelle Lernprozesse im Deutschunterricht. Frank-
furt/M.: Lange 1995 (= Beiträge zur Geschichte des Deutschunterrichts, Band 20).

Spolin, Viola: Improvisationstechniken. Paderborn: Junfermann 1993.

Stanislawski: Die Arbeit des Schauspielers an der Rolle. Berlin: Henschel 1983.

Stevenson, Anne: Silvia Plath. Frankfurt/M.: Fischer 1994.

Steiner, George: Von realer Gegenwart. München, Wien: Hanser 1990.

Strasberg, Lee: Schauspielen und Training des Schauspielers. Berlin: Alexander 1990.

Watzlawick, Paul u. a.: Menschliche Kommunikation. Bern: Huber 1969.

Zacharias, Wolfgang (Hrsg.): Schöne Aussichten? Ästhetische Bildung in einer technisch-medialen
Welt. Essen: Klartext 1991.

Marcel Kunz, Dr. phil., geboren 1939
in Baden/Schweiz
Deutschlehrer und Spielleiter an einem
Gymnasium, Lehrbeauftragter für Fachdidaktik
Deutsch/Theater in der Lehrerbildung
Arbeitsschwerpunkt: szenische Verfahren im
Literaturunterricht der gymnasialen Oberstufe
verschiedene Publikationen zu diesem Thema,
Referate, Seminare und Gastvorlesungen auf
Tagungen, in der Lehrer(fort-)bildung und an
Universitäten in Deutschland und in der Schweiz
wohnt in Wettingen/Schweiz.

Veröffentlichungen:
Kunz, Marcel; Marchetti, Alessandro: Arlecchino & Co.
Historische Einführung, didaktische Darstellung und
Spielanregungen zur Commedia dell'arte. 2. Aufl.,
Klett+Balmer: Zug 1989.
Kunz, Marcel: Spielraum. Literaturunterricht und
Theater. Klett+Balmer: Zug 1989.